我的青春我的梦

全国中学生校园美文精品集萃丛书

一笔横斜，骑鲸而过

全世界都听得见你说爱我

《中学生博览》杂志社 选编

时代文艺出版社

图书在版编目（CIP）数据

全世界都听得见你说爱我 /《中学生博览》杂志社选编．—长春：时代文艺出版社，2018.8（2023.6重印）

（“我的青春我的梦”全国中学生校园美文精品集萃丛书）

ISBN 978-7-5387-5688-3

Ⅰ.①全… Ⅱ.①中… Ⅲ.①作文－中学－选集 Ⅳ.①H194.5

中国版本图书馆CIP数据核字（2018）第000157号

出 品 人　陈　琛
产品总监　郭力家
责任编辑　徐　薇
装帧设计　李　斌
排版制作　隋淑凤

全世界都听得见你说爱我

《中学生博览》杂志社　选编

出版发行 / 时代文艺出版社
地址 / 长春市福祉大路5788号　龙腾国际大厦A座15层　邮编 / 130118
总编办 / 0431-81629751　发行部 / 0431-81629758
官方微博 / weibo.com / tlapress
印刷 / 北京一鑫印务有限责任公司
开本 / 700mm × 980mm　1 / 16　字数 / 153千字　印张 / 11
版次 / 2018年8月第1版　印次 / 2023年6月第5次印刷　定价 / 34.80元

图书如有印装错误　请寄回印厂调换

编　委　会

目录

在自己的世界里一世为王

白色油桐纷飞过街

全世界都听得见你说爱我

我在老艾眼里是个好孩子，因为每晚我都会等她回来，递给她一杯热茶，一碗热饭，然后放洗澡水。老艾明明回家已是一脸疲倦样，却从不在我面前轻易显示，她满脸笑容，吃完饭还会孩子气地很享受地伸个懒腰，向我跷起大拇指。

我们都习惯伪装，老艾伪装成一个坚强有毅力永远不服输不喊累的伟大母亲，而我伪装成一个爱家恋家疼母亲的贴心“小棉袄”。老艾做的一切都是为了我，我做的一切也是为了我。

阿拉斯加的远吠

初　四

这个女孩儿有点温暖

我，是一只纯种的阿拉斯加雪橇犬，今天刚好出生三个月，住在一只很牢固也很肮脏拥挤的铁笼里。这个铁笼的房客还有一只娇小可爱性子却很野蛮的吉娃娃和一只刚出生不久还没断奶的金毛犬。我们的主人是个看起来很凶的中年男人，我听到旁边的人类称呼他为王师傅。

他是个狗贩子，我们将是被卖出去的宠物。

我用短小的前爪扒拉几下铁笼，但是铁笼只是轻微地震动一下，发出细小的声音后一切归于平静。我有些丧气地窝成一团。

“啪嗒……”

我感觉到后背的绒毛上被什么东西偷偷地袭击了一下。

“啪嗒……”

细小的雨滴从天空上降落到大地上。飞溅起来的水花一朵一朵地开了又谢了。

铁笼的铁丝阻止不了雨水侵占我们的房子，我的房客们不停地在狭小的空间里乱窜，尖叫着。

好冷！

我蜷缩在角落，沉默安静。

“老板，这只狗多少钱？”

干净、清脆的声音由远及近。抬眼望去，那个瘦弱矮小的身影在茫茫的雨里蓦然出现。女孩儿撑着伞站在铁笼前，她的视线和我就那样突兀却又自然地碰撞在了一起。

心，重重地跳了一下。

她没有选择女孩儿都喜欢的可爱的吉娃娃，也没有选择颜色漂亮好饲养的小金毛犬。

仿佛从遥远的一方特地来到我的面前——把我领回家。

王师傅把我从铁笼里提了出来放在女孩儿的手上，女孩儿自然地把我拥入温热的怀里。她拿着干净的手帕轻轻地为我擦拭着身上的雨水，然后温柔地抚摸着我的毛发。

“以后你就叫阿笨吧。是弗娜的守卫。”

以后，我就是阿笨，一只阿拉斯加雪橇犬，弗娜的守卫。

弗娜，不怕

弗娜又做了噩梦，我趴在床前，伸出舌头轻轻地舔着她苍白的脸颊，然后用牙齿咬住滑落的被子轻轻地盖在弗娜的身上。

弗娜，不怕。

我趴在地上，抬头能够看到床头柜上的相框。一张全家福，有弗娜的爸爸，弗娜的妈妈，弗娜和我。

这是我被收养后第二天，弗娜爸爸举着老旧的相机高兴地嚷嚷着要重新照一张全家福。

爸爸妈妈，弗娜和我当时都笑得无比幸福。

我已经陪伴弗娜快一年了，陌生的家，陌生的家人变得越来越熟悉。我能够凭脚步的声音和微弱的气味第一时间认出我的主人们。

弗娜今天又伤心了。

弗娜爸爸上个月被公司辞退后，到别的公司去应聘却处处碰壁，寄出去的简历像冬天的雪花遇到夏天的热浪被融化得无影无踪。家里的气氛一天比一天糟糕，仿佛笼罩在阴沉沉的大雾里。

弗娜爸爸和弗娜妈妈为了越来越捉襟见肘的生活开始了无休止的争吵。十五岁的弗娜在学校也慢慢沉默下来。

今天学校期中考试的成绩已经出来，老师对于弗娜这次考试的失常给弗娜妈妈打来了一个慰问的电话。弗娜妈妈的脸色阴沉得可怕，完全没有了平时的雍容华贵。

弗娜在房间里小声地啜泣，周围是被揉皱的试卷。

十五岁的女孩儿，背影寂寞又寂寥。

晚上，弗娜爸爸和弗娜妈妈第一次争论得面红耳赤，相互不肯退让。这场战争最后以爸爸甩门出去深夜不归而结束。

弗娜红着双眸，透过门缝伤心地看着仿佛仇人般的父母，眼眶已经无法流出眼泪。

我在心里默默地向人类的上帝祈祷，希望他能够听到我的愿望。

我希望这个家温暖如初，弗娜还是那个落雨天亭亭而立心有温暖的女孩儿。

弗娜第二天没有去学校，她逃课了。

我趴在阁楼的铁栏杆上，瞅见她悄悄地背着书包向学校的反方向走去。我大声地朝着她的背影号叫，她却已经听不见。弗娜妈妈烦躁地用扫把抽了我的背几下，我只能放低声音呜呜地鸣叫。

弗娜，你在哪?

等到背上的痛缓和了一下，趁着弗娜妈妈开门到顶楼去晾晒被子的时候，我飞一般地冲出了家。

我朝着弗娜消失的方向奔跑，鼻子使劲儿地在人群里嗅着弗娜留下来的气味。

途中撞到人被狠踢几脚，被小孩子倒饮料揪着毛，被女人尖尖地高跟鞋刮到……身上的力气渐渐消失殆尽，我软软地趴在陌生的大街上默默地呜咽。

汗水沾湿了灰黑色的毛发，身上散发出难闻的臭味。

我有些伤心。

我开始想念弗娜了。

想念她温柔的双手为我抚平乱七八糟的毛发，想起她给我洗的香喷喷的热水澡，想起她煮的温热的饭菜，想起弗娜咧嘴笑闹的脸。

我艰难地弓起身体，四肢有点儿发抖。

弗娜，不怕。阿笨来守护你。

我再次向前奔跑，不管弗娜在哪儿，我一定能够回到她的身边。

“阿笨！”

熟悉的声音从马路对面一家精致可爱的咖啡馆传来。

我调头朝声音的主人望去，撞入那双黑亮干净熟悉的黑眸里。我找到了我的弗娜。

我对着车来车往的大马路，高声地远吠。

不管我变得怎样脏，即使泥土掩埋了我，弗娜我相信你，一定能够第一眼看见我，认出我。

“阿笨！”

弗娜紧紧地抱住我的脖子，像第一次见面那样不嫌弃我的脏。温热的怀抱温暖了我寒冷的身体。

我用脑袋蹭蹭她的脸。

“我们回家。”

我的岁月不够长

那天弗娜回家后，好好地向父母道了歉，检讨了自己成绩下降上课不专心，逃课出去玩的错误。并且拉着爸爸妈妈的手，坦诚地表露了这一个月以来自己的担心和对父母的关心。

弗娜爸爸涨红了脸，弗娜妈妈也湿了眼眶。他们紧握住对方的双手，互相继检讨了自己的错误。弗娜爸爸摸着弗娜的小脑袋感慨弗娜的懂事。

弗娜咧开了嘴角。

这次的家庭风波终于告一段落。

我跳到沙发上，挤在弗娜妈妈和弗娜的身边舒服地趴下。弗娜妈妈轻柔地抚摸着我的背。

“阿笨，我为今天打你说句对不起。”

“汪！”我原谅你了，伸出舌头舔舔弗娜妈妈的手。

弗娜笑盈盈地看着我，我朝她咧开嘴笑。

看来我又可以出去晒太阳了。

生活恢复了平静，弗娜爸爸终于在一家广告公司应聘成功，我又吃胖了几斤。

弗娜像往常一样背着我下楼，我不知不觉已经比她高出了一个头，比她强壮。我被收养时只有三个月，还是小小的一团，弗娜用双手就能把我抱入怀里。

现在弗娜已经抱不动我了，但是我还是十分依赖她温暖的身体。弗娜依然每天带我去散步晒太阳，只是由最初抱我下楼梯变成背着我一步一步地一个一个阶梯地往下走。

她小小的身体里有着满满的力量。

邻居见到背着我的弗娜，总是笑着说道，“弗娜，你真是个好主人。那么宠你的阿笨。”

弗娜只是笑笑，背我的手臂紧紧地圈住我稳稳地向前。

的确，弗娜一直那么宠着我。我比楼下的那只血统不纯的狗幸运得多，我有弗娜这样的主人。不用像它一样被锁链锁在车房的门外，饱一顿饿一顿，不用日晒雨淋。

我伸出舌头舔舔她被汗打湿的脸。弗娜侧头对我眯眼笑骂道，“阿笨，你又糊了我一脸口水，下次我可把你炖了吃。听说狗肉很有营养的。”

“汪！”我不满地叫出声。

弗娜给我扣好了项圈，拍了拍我的脑袋。我在前面领路，弗娜在后面悠然地看着风景。

此时阳光正好，白色的兰花和紫色的紫薇树开得正艳。细碎的阳光穿过繁茂的绿叶，在青石路上散下星星点点的光晕，晕开透明的小花瓣。

我知道一只阿拉斯加雪橇犬的寿命仅仅有人类的十分之一。弗娜生活的城市位于炎热的南方，这里靠近海洋，我能闻到咸腥的大海气味。因为弗娜，我渐渐爱上了这座城市。因为弗娜，我开始习惯南方的温度。

我的生命很短暂，却依然想在自己有限的生命里好好地陪伴着我爱的弗娜。

我撒腿向前狂奔而去，弗娜在背后大嚷大叫。

我享受现在的时光。

弗娜气喘吁吁地拉住我脖子上的项圈，探手就狠狠地扭住我的耳朵。

“阿笨，你个小坏狗，你信不信我把你嫁给楼下的公狗。”她恶狠狠地揉搓我的脸，边说边笑开。

弗娜，我的岁月不长，而我舍不得你。

我想永远陪伴在你身边，看着你和心爱的人结婚，生下可爱的孩子，组建一个美满的家庭。

可惜我的岁月只能陪你走过你最美最纯真的青春时光。

年轻的你也有烦恼

最近的弗娜变得有些奇怪。

十六岁的少女开始坚持每天写日记，日记的后面总是画着不同表情的小人，有开心的，有大哭的，有害羞的……有趣又古怪。

每天晚上弗娜做完作业后，都会锁起门来掏出手机对着一个被她称作微信的东西说话。

弗娜曾经对我解释过，她说微信里面可以和陌生的朋友语音聊着很多很多无法诉出的心事。

我有些不明白，为什么这些心事不能告诉爸爸妈妈，不能和自己最好的朋友说。我想不明白，直接把它归为弗娜的私人小秘密。

我见到她又拿起手机开始停停顿顿地诉说着关于一个男生的故事。

作为弗娜私人小秘密的唯一听众，我知道那个男生叫庞魏，是弗娜的同班同学。长得不帅，但是有点儿小阳光，笑起来两个小虎牙有点儿小可爱。是班里的学习委员，好像比其他同学都多着一股书卷气。难看的蓝色校运动服庞魏都能穿出自己独特的味道来，相比同龄的高一男生他活跃又安静，十分的矛盾，但是却很是吸引大家的注意力。弗娜因为之前家里爸爸失业的事情成绩连连下降，庞魏身为学习委员，热心地辅导过弗娜，也就是从这个时候起在弗娜的校园生活画上浓墨重彩的一笔。

弗娜被庞魏热心且认真，又幽默风趣的性格吸引，心里不自觉地为他腾出了一个空位。

如今的高中生，大胆而奔放。他们敢于向喜欢的对象表白，不屈不挠，越战越勇。弗娜不自卑不懦弱，但是对于异性的喜欢这种事让她慌了神，憋在心里的秘密无法和熟悉的人吐露，她感到疲惫。

庞魏并不知道身边有一个女生默默地为他慌了神。

想靠近又压抑的心情令弗娜有点透不过气，而在这个时候，弗娜在微信里捡到了一个来自北方的漂流瓶，瓶里是一个声音清脆好听的女生讲述的一个关于她和爷爷的纯真故事。

弗娜像大海里迷失方向的船只找到了灯塔，也开始向对方述说关于自己和庞魏的故事。

弗娜称这个北方的女孩儿为“耀”。

耀比弗娜大了四岁，在读大学。耀投漂流瓶那天刚好是她爷爷离世的时候，能够遇到弗娜或许是她爷爷的眷顾。

耀给弗娜讲了很多关于自己和爷爷之间一些有趣的事情。她告诉弗娜，十六岁的喜欢应该好好去沉淀，好好去珍惜，把想看向远方的视线投给身边的家人。

弗娜抱着我的脖子，顺着我的后背慢慢地抚摸。

“阿笨，你懂吗？”

“汪！”我甩甩尾巴表示不清楚。

弗娜笑了笑，“我大概有点儿懂了。”

我为弗娜感到高兴，用脑袋蹭了蹭她的脸。

弗娜把那本厚厚的日记本锁在了一个铁盒里，在院子里挖了一个坑埋进了泥土的岁月里。

我想，对于庞魏懵懂纯真的感情一定也是弗娜以后人生的一笔伟大财富。

兰花开的季节，穿着白色裙子的女孩儿在途经的十字路口微微停住了迷茫的脚步，她只是在看着两侧美丽的途景。心里的迷茫慌乱总会远去，年轻的女孩儿一定能够携着兰花的清香轻快地消失在前方的路上。

弗娜，你会经过一个又一个人生的十字路口，我相信善良的你会遇到形形色色的人。这些人里一定会有一个又一个的“耀”出现在你的面前，告诉你怎么选择走过一个一个分岔路口。

年轻的你有无数的烦恼，但是你是弗娜，阿笨坚强勇敢的主人。

下辈子我还在你身边

弗娜的家里住进了一个阿笨十分讨厌的人，而这个人就是弗娜的远房叔叔，这个临时住进来的陌生人。

弗娜好像很喜欢这个开宠物店的叔叔，我只能生闷气地躲在一旁时不时地对着这个叔叔吠叫一声。

我的弗娜现在眼里只有那个盯着我面露凶光的男人，我无力地扫扫尾巴。

弗娜抱着我开心地讲着叔叔养宠物的趣事，她有些担心地摸摸我的脑袋说道，“阿笨，你好像很不喜欢弗叔叔……”

我恹恹地趴在地上“呜呜”地叫着。

我第一次那么希望弗娜能够听懂我说的话。

弗娜跟着这个叔叔出去玩了几趟，两人混得更加的熟悉。弗娜对他的依赖和信任越来越深。

狗的第六感告诉我，有什么危险正在逐步地靠近我和弗娜。

有种将要离弗娜而去的感觉漫进我全身。

这种扰乱我心神的感觉让我越来越焦躁，我不停地对着阁楼外的天空远吠。

每当我叫得很凶的时候，那个让我感到危险的弗娜叔叔就会拿着棍子狠狠地扫向我，我只能叫得更为凄厉并躲闪着他的攻击。

弗娜有些担心地站立在一旁，她没有上前阻止。我有些悲伤地对着她叫了几声。

那个坏男人对着弗娜说道：“狗这种宠物我养得多也见得多，有些主人就是太娇惯它们了，打都不舍得打，最后让狗伤害到自己的亲人，甚至伤害到其他的陌生人。”

弗娜有点儿犹豫地看着我，我凄凄哀哀地对她叫唤了两声，她最后直接捂着嘴转身背对着我。

我顿时觉得身上的力气都被抽走了，耷拉着脑袋任由乱棍落在身上。

身上的痛远远不及弗娜视我而不见那般酸苦。

那个男人把我锁在了一个窄小的铁笼里。我感觉我好像回到了王师傅的那个铁笼里一样。天空那么小。

弗娜叔叔在的时候我的三餐开始变得十分不稳定，这可能是我嘲笑太多次楼下那只公狗得来的报应。我想那只公狗如果知道我现在和它都像个囚犯那般无差，一定会恶狠狠地落井下石。原来这种锁链锁住自己脚步无可奈何的感觉是那么可悲。

弗娜听了那个男人的话，把一岁的我送去了配种。我的号叫你是否听到？

弗娜就站在房子的铁门外面，我在里面，我们明明那么近，却触摸不到。

弗娜，你知不知道，经过这次，或许我连五年都陪伴不了你了。

之后我的身体越来越虚弱，那个男人克扣下来的营养跟不上身体的耗损，我觉得自己瞬间仿佛老了十岁。

那个男人摸了摸我的肚子，有点儿发狠地对我又踢又骂。

“怎么还不怀孕？”

“没用的狗！”

我趁他不备，挣脱开了他的束缚，正好此时弗娜从外面打开门回来，我发了狠地跑向了大门。

弗娜，一切都是为了我的孩子……

弗娜有些惊讶地愣在门口看着我向大街冲出去。

“阿笨！”

“阿笨！”

弗娜的声音一直萦绕在我耳边，紧张而害怕。

我的弗娜，我的主人啊，明明阿笨发誓过会永远做你的守卫的。

我奔跑的四肢慢慢地降低了速度，最后停在人来人往的大街上和弗娜遥遥相望。

弗娜黑色的瞳孔里溢满了泪水，嘴唇不停地颤抖着，一直低声地唤着我的名字。

“阿笨……我的阿笨……”

我感觉我的眼睛也变得干干的，好想用舌头去舔弄这两只不听话的眼睛。

阿笨是弗娜的守卫啊，不管在哪儿，不管发生了什么事，我都是弗娜最坚强的守卫!

“汪！汪！”

弗娜，我们回家。

远方的吠声，充满着对主人满满的爱意。

弗娜不再听从叔叔的安排，接管了我的一切事情。这个坏男人最后愤愤地离开了我和弗娜的家。

我高兴地蹭蹭弗娜的脸。弗娜抚摸着我的毛发，满是歉意地说道，“阿笨，真对不起。”

弗娜，你是我的弗娜，无论你做什么决定我都不会伤害你恨你。因为我是阿笨啊，你的阿拉斯加雪橇犬。

我对着天空大声地吠叫了一声。

伸出舌头舔了舔弗娜熟睡的脸颊，我的心里酸酸甜甜的。

时间一日一日地流逝，我越发地黏着弗娜。弗娜总是好笑又好气地揉弄着我的耳朵。

我珍惜与弗娜一起度过的最后的这段美好时光，只是希望弗娜你知道我离开的消息时不会特别难过。

弗娜，我心爱的你。

你和我肚子里未出生的孩子一样，我一直像妈妈那般爱着你。只是可能，我已经无法再守卫着你了……

弗娜，不怕，我的岁月只是有点儿短暂，年轻的你还有大把的春光，下辈子我还在你的身边，守护着你的温暖善良。

我养了很多很多的狗，却没有一只像你

北方的姑娘给弗娜带来了一只胖墩墩的金毛犬妈妈，她说，“弗娜不要伤心，人有悲欢和离合，阿笨只是暂时地去了远方。你看，金毛犬妈妈肚子里正在蕴养着一只一只的小生命，它很努力地守护着它的孩

子，我相信，阿笨一定也在不远处守护着它心爱的弗娜。弗娜，勇敢地看前方。”

弗娜每天都会背着金毛犬妈妈下楼梯，带它去散步、晒太阳。

弗娜看了很多很多的宠物书，学会了很多以前不知道的知识。她有了一个小小而伟大的理想，为了不让狗狗受伤，立志成为一个厉害的兽医。

第二年的秋天，金毛犬妈妈诞下了八只可爱的小金毛犬，弗娜是这场手术的十七岁接生员。

她离成为兽医的目标迈进了一大步。

彼时黄昏暖人的午后，二十岁的弗娜抱着小小的一只阿拉斯加雪橇犬坐在阁楼那个生锈老旧的铁笼旁，看着蔚蓝的天空，云卷云舒云散，心情安静祥和。

我养了很多很多的狗，却没有一只像你。

这次换我守护它们，让它们健康地成长。

阿笨，现在的你一切安好？是不是已经做了妈妈？我想你一定一如既往的温柔。

“汪！”远方那熟悉的吠声，渐渐消失在夜幕下。

全世界都听得见你说爱我

陌忆

1

七岁之前，如果有街坊邻居问我喜不喜欢妈妈老艾，我肯定会抓着老艾的衣角拼命点头说喜欢。可是在七岁后有人问我同样的问题，我就会低着头，踢着脚下的小碎石，咬唇沉默不语。

这个转变是因为邻居一个叫江尘的男孩儿对我说："你妈就是被你爸抛弃的，而你妈留下你就是为了要折磨你报复你爸。"

江尘当时也就大我一岁，我不知道他为什么知道这些事，也不知道为什么我爸抛弃老艾，老艾就要折磨我。我只清楚在我的印象里，没有"爸爸"这个名词，只有老艾一个人陪在我身边，给我做饭，为我穿衣，把我那乱蓬蓬的齐肩碎发扎成两个可爱的小辫子，买许多小零食塞在我的维尼小熊书包里，乐呵呵地牵着我去上学。我一直以为我的生命里只有老艾。可是江尘说，我是有爸爸的。

老艾是疼我的，她虽然靠卖烧烤挣点儿微薄的生活费，可老艾买给我的东西都是我最喜欢的。但这不代表我不在意江尘说的话。小孩子的心思永远是微妙而透彻的，一旦有点儿事，怎么也藏不住。所以当我问爸爸去了哪里时，老艾突然就泪眼蒙眬，咿咿呀呀地挥着双手。当她的手掌心要摸我脑袋时，我微有些赌气把头一偏，老艾的手掌心便僵在了半空中。

我赌气老艾不能给我一个答案。可我怎么就忘了，老艾是个哑巴呢？她根本就无法回答我的话。

也许就是从那时开始，我不太爱亲近老艾了，她卖完烧烤回来我不再兴冲冲地跑去抱住她，亲她的脸，也不经常对她说发生在班里的趣事了，老艾只是一如既往地对我呵呵地笑。

我其实不讨厌老艾的，我只是难过，为什么老艾不会说话，为什么我没有爸爸。这种感觉让我很苦恼也很伤心，所以我常常跑去江尘家，他有一个帅气的爸爸，还有一个温柔体贴会做小甜点的妈妈，他们都会对我和善地微笑。我甚至觉得可以在他们家找到缺失已久的归属感。

2

时间永远以一种排山倒海之势风风火火地向前奔着，就像抓不住的风，来不及挽留。慢慢地，昔日的街道变宽了，路口的老交警换成了一个英俊的小伙子，邻居的大学生如今也该谈婚论嫁了。

老艾的烧烤摊变大了，种类变多了；江尘身高比我高了好多；而我也蓄起了长发。

我在离家不远的一所中学读书，其实依我的成绩我可以到更好的学校，可是因为学费的问题，我还是留在了这所中学。老艾以为我是因为怕她承受不起学费才做如此选择的，拉着我的手咿咿呀呀了好久，仿佛说她可以供我读的，哪怕是砸锅卖铁，找人借。但我只是冷眼看她着急的模样。她不会知道，我是怕如果欠她太多，以后还不起。那么，那时她就有更多的理由要我留在她身边了。

江尘也在这所中学，比我高一届。彼时我们俩会一起上学，一起回家，就像一对亲密的情侣。

我偶尔也会像小时候一样跑去江尘家。江妈妈真是一个温柔的女人，她会微笑着问我："若若，今天过得开心吗""若若，如果有什么特别想吃的阿姨做给你吃呀""若若……"我渴望这种嘘寒问暖的方式，我厌烦了每次回家都空荡荡的只有饭桌上摆放着我曾经最喜欢吃的蛋炒饭。

老艾知道我不爱吃冷的东西，所以每次把饭煮好后都用保鲜膜团团包住，再放进保温瓶里。起初我会眼眶红红地小口小口地吃着，因为我想起老艾可能还在烧烤摊上忙着顾不上吃饭。可是慢慢地，习惯一个人后我突然就不喜欢蛋炒饭的味道了。

3

老艾像那些望女成凤的母亲一样，家里的活从来都不让我插手，从我上初中以后也没再带我去烧烤摊，她怕影响我的学习，想让我把所有的精力都放在学习上。而我觉得一切都理所当然，因为我想既然老艾不能给我一个正常的家庭，至少可以还我一个我要的远方，通俗点儿说，这是老艾欠我的。

父母心心相挂的是儿女，他们认为只有他们在的地方才是家；儿女心心念念的是远方，他们认为离开父母才叫长大。

我在老艾眼里是个好孩子，因为每晚我都会等她回来，递给她一杯热茶，一碗热饭，然后放洗澡水。老艾明明回家已是一脸疲倦样，却从不在我面前轻易显示，她满脸笑容，吃完饭还会孩子气地很享受地伸个懒腰，向我跷起大拇指。

我们都习惯伪装，老艾伪装成一个坚强有毅力永远不服输不喊累的伟大母亲，而我伪装成一个爱家恋家疼母亲的贴心"小棉袄"。老艾做的一切都是为了我，我做的一切也是为了我。

我们为对方所付出的一切，从一开始就不平等。

4

有时我会想：我对江尘存有的那么一丁点儿的依恋是因为喜欢他，还是因为他有我得不到并深深羡慕的幸福？可我知道他不喜欢我，因为在初三时江尘交到了一个漂亮的女生，我们班的班花。

班花李蓓会有意无意地在我面前说起江尘，她说到江尘时满脸幸福，甜蜜得可以溺死一只蜜蜂。不过我不讨厌她，因为所有的幸福都是可以拿来炫耀的，至少在你以后悲痛万分时别人知道你也曾幸福过，不至于让人产生一种你从来都不曾幸福的错觉，你就有理由让自己重新振作起来。

李蓓不喜欢我这点我一直都清楚，用她的话说我总喜欢冷着一张脸装清高。而且一向以成绩为傲的李蓓同学已经连续几次排名都跌到我后面了，心里也许不平衡；还有一点，她之前暗恋的少年喜欢我。

少年叫韩旭，爱背黑色单肩包，身影瘦削，有时看到他骑着摩托车从我身旁呼啸而过，隐约可见他不羁的面庞。

我们虽然碰过几次面，不过不曾说过一句话。说韩旭喜欢我，我总觉得是李蓓因为讨厌我而编造的谎言。

自从江尘有了李蓓这个女朋友，放学后我就很识相地不充当电灯泡了。可不知道江尘是在感情方面迟钝还是真的是个仗义的好朋友，他说不放心我一个人回家，还是一起走比较好。而我猜真正的原因是他怕被他妈看到，如果我在，解释起来就方便多了。说白了，我就是一挡箭牌。

5

某天放学后李蓓说想吃烧烤，于是我们便一起去了离学校不远的烧烤街。烧烤的浓烟与食物的香味混杂在一起，有些呛鼻，地上还有很多纸屑、垃圾，老板的吆喝声和人们的说话谈笑声把炎热的天气推到一个高潮。李蓓拖着江尘的手臂兴冲冲在烧烤摊上流连。

“安若，”江尘说道，“你妈不是在这附近卖烧烤吗？要不我们去那里吃吧，这肥水也不流外人田对吧？钱当然也要给熟悉的人赚。”

我好想说江尘你真伟大真无私呀，我好想说江尘你就是一三好少年呀，我好想说江尘我感谢你祖宗十八代给了你一颗玲珑剔透闪闪发光的善心呀，我好想说江尘你就一滥好人。

我微微勾起唇角，“江尘，你也太拿自己当一回事了吧？就几只烧烤，能赚几块钱呀？说不定你是想吃霸王餐呢？有本事你就把它全包了！”我有些刻薄地说出这些话，不知是因为江尘当着李蓓的面还是因为自卑在作祟。

自卑？我被这个词吓了一跳！难道在我眼里，老艾在这种地方卖烧烤会让我觉得难堪吗？

江尘被我的话说得一愣，他应该不清楚我为什么生气。而我也琢磨不透，我这是在闹哪样。

“欸，安若，你妈妈是卖烧烤的？怪不得你对这些垃圾食品从不感冒呢，原来是吃厌了呀？”李蓓轻飘飘的语气像是有些不屑。

我目不转睛地看着前方的某一点。我没那么矫情，不会因别人一句难听的话就难过。嘴长在别人脸上，不喜欢听当成耳旁风就行了。

我们最后还是去了老艾的烧烤摊，离烧烤摊还有几步的时候，就看到老艾拉着一个人不停比画着。那男人有些不耐烦，甩了甩老艾抓住他衣袖的手。老艾似乎怕一松手他就会逃走，硬扯着不让他离开，口里发出咿咿呀呀呀呀的碎音。摊前有几个人坐着，不过都没有理他们。我看着老艾满脸通红，张着嘴却发不出声音，有些滑稽的样子，看着陌生男人一脸鄙夷不耐烦的样子，看着那些吃烧烤穿着和我同样校服的学生一副看热闹的样子……脚步就像被定住了一般，再也无法踏出半步。

江尘首先冲了上去，李蓓看了我一眼后也跟上去。我看见老艾像看到救星般猛然放大的瞳孔，随后是江尘直着脖子对那男人吼了几声，李蓓也好像说了几句话。最后那男人骂骂咧咧地丢一张人民币在江尘身上，走过我身旁时，我清楚地听到他嘀咕道："一个哑巴做什么破生意呀？像个疯子！"

我双手握紧，却始终没勇气上前给他一巴掌，我连过去帮老艾讨钱的勇气都没有呢。是的，你们可以鄙视我嘲笑我，我就是怕丢脸！我直直地站在原地，看到老艾舒缓的神色，心似乎被什么东西撞了一下，微微地疼。原来在我看不到的地方，老艾是这样为生活而忍受的。

老艾那天很高兴，因为自从上初中后我第一次来这地方，她拉着我比画着问我饿不饿，想不想吃点儿什么，这里空气不好，回家去吧……我偏头，躲开老艾的笑脸，刚好看见江尘若有所思的面容。

"安若，你是不是讨厌你妈妈呀？"回家路上，江尘这样问我。

我微怔，继而问他："你还记得小时候对我说的那句话吗？"

"小时候？我们说过很多话，我怎么可能都记得呢？"

我无奈一笑。是呀，都过去好些年了，可我却始终记着他说老艾爱我是为了报复我爸的话。

江尘突然认真对我说道："安若，你妈妈那么不容易。刚才那个男人就是欺负你妈妈不会说话，所以吃完后就想走人。这种事肯定不是第一次发生，可她为了你为了生活硬是生出一股蛮劲来对抗。她对你那么好，可我为什么总觉得你一点儿都不开心呢？"

是呀，为什么我要那么贪心呢？总渴望得到更多的温暖。为什么我对老艾那么不公平呢？我想我是个坏小孩儿，一个只想索取却不懂得付出的自私鬼。

6

我是在某个日落西山、天边有一抹美到令人窒息的晚霞的傍晚碰到韩旭的。那天刚好该我值日，江尘和李蓓先回家了。看着他们牵手离开的背影，我不禁微微一笑，他们两个看起来挺般配的。

刚走出校门外，就看到韩旭靠在摩托车旁对我打了个大大的招呼，他笑起来有些孩子气，“嘿，安若。”

我抬头望向他，霞光下他的脸庞被打下温暖的轮廓，少年的面貌像是被光滤过了一般，在我眼里愈发清晰。我眯眼，说：“呀，你不是那个喜欢我的男生吗？”

韩旭明显一愣，他应该没想到一向安静内敛的我也会说出这么一句话。随后微笑着向我走来，伸手很自然地拿过我的书包，说道：“我就是来接我女朋友的，你看我多尽职，是不是很感动？”

啧，脸皮也够厚的。

过后我曾问他为什么要对李蓓说他喜欢我。他的理由是这样的：“因为那天李蓓要向我告白时我们正好站在年级成绩排名榜下，我不喜欢她想要找个理由拒绝，抬头正好看到你的名字挂在最前，所以随口一念说我喜欢安若，就这样。”

我黑脸，又被当一回挡箭牌。我说：“韩旭，去死。”

他笑嘻嘻地凑近我，“哎呀，那我可爱的小若若怎么办？”

我直接就把英语书砸在他头上了。

那时我已初三，江尘考上了一所不错的中学。我也想和他考同一所高中，因为那高中离家有一段很长的距离，我终于可以离开这里了。

李蓓拼命地埋入题海，她也想和江尘考同一个高中。我倒没整天把自己埋在书本里，很多时候还是坐在韩旭的摩托车后座上让他带着我去兜风。

韩旭说：“安若你别不开心，爱微笑的女孩儿笑起来旁人也会觉得温暖的，何况你还有个那么好的妈妈。”韩旭说这些话时一直扬着头，他说，“安若，不管生活给了我们什么，愿不愿意接受都要微笑着收下，因为很多人都说，听话的孩子才有糖吃。”

我说我不爱吃糖怕有蛀牙，然后看向韩旭，湿了眼眶。

7

老艾渐渐不去烧烤摊了，因为我就要中考了。她不能像别的母亲一样念念叨叨，所以她就变着花样做些富有营养的东西给我吃，晚上我不睡她就陪着我，怕看电视影响我，就一个人干坐在沙发上。有时我出来上厕所，偶尔会看见她在打瞌睡，头一点一点垂下，有点儿孩子样；更多时候，是一听到我的脚步声她就立即跑到我身边，比着手语问我需要什么。

只有这个时候我才会觉得，我欠了老艾很多东西。

中考将近，学校里传出一条消息：初三（1）班的安若跟初三（4）班的韩旭在交往。

班主任对这事很重视，委婉地对我说了一番话后又跟老艾交代了一下。

老艾听后很激动，她可能没想到我会谈恋爱，拉着我要去跟老师解释清楚或者找韩旭谈谈。我冷笑着推开她的手，说你这个样子怎么跟他们谈。

老艾手一松，怔怔地看着我。

我说我谈恋爱怎么了？又不是杀人放火！

老艾显然不听我说的话，又要过来拉我的手，我吼道："你烦不烦呀？如果这是我的幸福，我不会让任何人来摧毁它的，任何人都不行。"

老艾立在原地，愣了愣，然后在我面前比起了手语，又咿咿呀呀地说了些什么。

我的脾气就是在这时爆发的，因为我长久不跟老艾亲近的原因还有一个，就是她不能像个正常的母亲一样对我说话，而且也许是因为这个原因爸爸才不要她，我才没爸爸的。

所以我的怨气全都撒在了老艾身上，声音也无比尖锐冷硬。我说：“你得不到幸福凭什么也要我跟你一样？难道你爱的人抛弃了你我也不能有喜欢的人吗？难道你想要我跟你一样守着一座房子空着一颗心过一辈子吗？难道因为我父亲抛弃了你，你就要报复在我身上吗？你要怨就怨你是个哑巴！”

她突然就哭了，像个孩子似的，不知所措，就像小时候我问她爸爸去了哪里一样。泪水在她脸上肆虐着，她跑过来紧紧抱住我，瘦小的身体不停地颤抖，她拼命地对我摇头，口里发出模糊不清的字眼。可我硬是推开她，然后跑进房间大声哭泣。我想我终于可以离开这里了，我不会再怕老艾的报复了。

8

我顺利地拿到了一中——那所离家很远的学校的录取通知书。

韩旭说他要去C城的一所职业中学读书。他说安若我要是不在你身边的话可千万别移情别恋啊。

我说，好。

他说安若我放假的话就去找你，你放假的话就来看看我，我们要在一起。

我说，好。

他说安若你喜欢我吗?

我说，喜欢。

然后我看到他的微笑，带有一丝腼腆羞涩。他说，安若，我很喜欢你的笑容，你能不能别难过?

我其实想对韩旭说，你知道吗？我伤害了一个很爱我的人，我也许再也不会微笑了。可是最后，我还是对他说，好。韩旭你也要快乐幸福。

老艾在那之后变沉默了，沉默地帮我收拾行李，沉默地送我到火车站，沉默得宛如一座雕塑般静静站在我离开的地方……

江尘说安若你知道吗？你妈那次看你头也不回地离开时一下子就蹲在月台上哭了。连我妈都说你这孩子怎么能那样狠心。

他说安若你知道吗？我听我妈说，你们家在你还很小时半夜起了场大火。你爸为了救你和你妈被大火包围，还一个劲嚷着快带若若走。你妈抱着啼哭不止的你，回头想喊你爸爸，结果被一口浓烟呛住，差点儿呼吸不过来。因为你的哭声，你妈妈醒过来把你紧紧抱在怀里救了出来，过后发现自己发出的声音很破碎。但那时因为刚失去你爸爸，你还那么小，生活窘迫，所以她放弃了治疗，之后就再也发不出完整的音节了。

江尘说安若你知道吗？你多幸福。谁都知道你有个那么爱你的妈妈，可你为什么就不满足？

我在那一瞬间觉得世界上所有的一切都静止了，我没哭，甚至很冷静地质问江尘："你又骗我的对吧？小时候你说我妈是因为被我爸抛弃了，留下我是想要折磨我报复我爸。"

江尘愣了半会儿，有些啼笑皆非地反问我："安若，我怎么不记得我说过这话了？就算说过，那这些年下来，你妈怎么对你的，你还不清楚吗？"

我的泪就是在那一刻掉了下来，我在那一刻疯狂地想念老艾，我想她笑起来弯弯的眉眼。

那天晚上我打了个电话给老艾，电话刚响一声就被接了起来。我忍住眼底的潮湿，我想电话那头有个人等我好久好久了。

我叫了一声妈，然后突然不知道该说些什么，踌躇了好一会儿，我才静静说道："妈，放假我回家好不好？"

如果有一天你会回来

影子快跑

1

“如果有一天我突然消失了，请不要来找我，因为我回到了奥特之星。”这是李浩林写在班级通讯录上的留言。

我的留言在李浩林下面，我这样写：楼上请不要放弃治疗。

2

李浩林是我高二时的同桌。记得开学第一天，第一节就是班主任的课，李浩林却迟到了。当班主任讲得滔滔不绝时，李浩林突然出现在教室门口，班主任见了很是不满，问：“这位同学你怎么才来？”李浩林笑了笑，说：“是这样的，来学校的路上我遇到一个散步的老爷爷，老爷爷跟我说他突然忘记回家的路了。我只好帮他问路人，结果没一个人认识。幸好后来有一个阿姨提醒我，老人的衣兜里可能放着写有家庭地址和电话的纸条。嘿！果然有！于是我马上给老爷爷家人打电话。等老爷爷的家人来了之后，我立即骑车赶来学校，因为骑得太快车子的链条差一点儿掉了呢，可是没想到，我还是迟到了……”李浩林讲得眉飞色舞，班主任却一脸嗔怒：“编完故事了吗？编完了就给我出去站三十分钟！”

李浩林听了，表情很沮丧，随后他转身回到走廊一直站到了下课。

下课后李浩林回到座位，我同情地看着我的新同桌，安慰他说：“我相信你。”

李浩林愣住了，呆呆地看着我，过了一会儿却“哧”地笑了：“你真信？我骗她的呢。”

听了李浩林的话我气得简直要冒烟，便把头扭过一边不再理会他。

李浩林见我这个样子，推了推我的手肘：“嘿，小伙伴，不要这样啦。”我依然不搭理。李浩林却突然一指窗外：“快看！UFO！”我条件反射地望向天空，什么也没有，一回头，李浩林却戴上了一个迪迦奥特曼的面具，模仿着机械人的声音对我说：“地球人，你好，我是奥特曼李浩林，可以交个朋友吗？”说着向我伸出右手。

我忍不住“噗”地笑了，我打了一下他的手，说：“我叫潘小丸，欢迎来到地球。”

3

后来，我渐渐发现，李浩林其实是个有趣的家伙，只是他有一个最大的缺点，那就是爱骗人。每次把我成功骗到后，李浩林总会“哧”的一声，然后捧腹大笑，这让我感到可气又可恨。更拿他没办法的是，每次把我惹生气后李浩林又会用尽各种办法讨好我，使我总是无法做到讨厌他，久而久之，我便只能逐渐接受了自己有这样一个奇葩朋友兼同桌的事实。

李浩林的肚子就像一个无穷无尽的布袋，装着无数的大话和笑料。我常常被李浩林逗得笑到肚子痛，甚至腹肌都要被我笑出来了。有时候就连前桌的陈若琳也会转过身来听李浩林讲笑话。陈若琳是我从高一开始喜欢的女生，所以她回过头的时候，我不敢笑得那么放肆，或是添油加醋地把笑话变得更加无节操或者更加冷。

我有时候会从心里感激李浩林，因为这种只有以他为中心的聊天，我才可以自然地跟陈若琳说上几句话，除此之外我根本没有勇气和陈若琳搭话，否则我认为我会心脏爆炸而死。

很多时候，我觉得自己就是一个没用的胆小鬼，并常常为此感到羞愧。

有一次，我到学校小卖部买东西，回来后发现老板找了一张五十元的假币给我。我很懊悔自己没看清楚，李浩林知道后一把拉起我去找小卖部老板理论，我心里却忐忑不安。果然，小卖部老板死不认账，我们只好悻悻地回到了教室。我很沮丧，李浩林却问我要去了那张五十元假币，我问他要干吗，他坏笑着说："以其人之道还治其人之身。"

下午，李浩林买来了两罐可口可乐，又从口袋里掏出四十五元钱扔到桌子上，随后"啪啪"两声拉开拉环，递给我一罐。

"干杯！"

我"哧"一声笑了，李浩林，真有你的。

4

记得那一年是2012年，曾经热播的《2012》让所有人都知道了玛雅预言2012年12月21日将是世界末日，到了十二月下旬，我们开始疯狂讨论起世界末日的事，有些人甚至想请假回家陪家人度过"末日"——包括我在内，当然这种理由学校是不可能允许的。到了21日那天，所有人都在兴致勃勃地讨论生命最后一天要做些什么事，李浩林还怂恿我对陈若琳同学告白，告诉我再不说就没机会了。我瞪了他一眼，李浩林竟在这时用笔戳了一下陈若琳的后背，陈若琳回过头来，李浩林对她说："潘小丸有话要跟你说。"

这下子我真的是措手不及，我挡住陈若琳的视线对李浩林做了一个白眼，李浩林坏笑一下，扭过头看窗外的风景去了。我看着陈若琳，感觉自己快要发烧了，好久才憋出一句话："世界末日你最想做什么？"

陈若琳看了看我，又看了看李浩林，想了一会儿，说："我会跟我喜欢的人告白，不过，我不相信今天是末日。"

想不到陈若琳会这么说，我心里若有所思，陈若琳又说："你们呢？"

"啊？我……我……我可能会大睡一觉吧。"说完我推了推李浩林，"你呢？"

"我？"李浩林的眼神突然变得正义凛然，"事到如今我也不想再隐瞒了，其实我是来自M78星云的迪迦奥特曼！"

我白了他一眼，都高二了不要这么幼稚好吗。陈若琳却捂着嘴巴笑得花枝乱颤。

事后我打消了把李浩林揍一顿的念头，虽然他让我在陈若琳面前很尴尬，但他也让我知道了一个小小的秘密，陈若琳竟然也有喜欢的人。

"你说那个人会是谁呢？"我问李浩林，李浩林却摇摇头："我怎么知道。"

猜一下不行吗，真是的……我想，如果真的是末日，我会有勇气跟喜欢的人告白吗？我看着陈若琳的背影，在心里寻找答案。

我不敢。

就像我们都假装相信那天就是世界末日一样，其实我们的内心根本就没有相信的勇气。

5

后来要做班级通讯录，班长发了一张表格让大家轮着填写自己的信息和留言，轮到李浩林时，他写了一句："如果有一天我突然消失了，请不要来找我，因为我回到了奥特之星。"我接过表格，笑了笑，在下面写上："楼上请不要放弃治疗。"然后递给了前桌的陈若琳。

陈若琳看到我们的留言"哧"一声笑了，等她写完后，我戳了戳她的后背："你写了什么？"陈若琳看了看我，又看了看李浩林，笑道："不告诉你们。"

女生就爱搞神秘，我也跟着笑了，好一会儿才发现李浩林一脸坏笑地看着我，我尴尬不已，赶紧收起了笑容，李浩林给我竖起了拇指："有进步。"

我好久才领会过来，不知不觉中，我竟然有勇气主动跟陈若琳搭话了。

也许是被李浩林"耳濡目染"的缘故吧，我想。

后来有一天，我走进教室，发现李浩林正埋头把他的书本收拾得整整齐齐，这种行为一反他"不羁"和"凌乱美"的风格，于是我揶揄他："哟，看上哪个姑娘了？"

李浩林抬起头："怎么说？"

"不然干吗……"

"我要转学了。"

"啊？"但很快我意识到李浩林又在耍我，"好吧，拜拜。"

"说真的。"李浩林说，"我爸妈要去M市工作，明天我们就要搬到那边了。"

"不会吧……"看着李浩林一脸认真的样子，我又相信了。

我感到很不爽，李浩林你怎么可以说走就走？

"以后……都不回来了吗？"我问。

"也许吧……毕业以后有空的话，就回来找你玩咯……"李浩林说。

即使这样我还是很沮丧，我默默地坐到座位上，一言不发。这么突然地，我就要失去一个好朋友了，这让我心里很难过，仿佛被什么堵住了一样。不得不说，有李浩林做我同桌，每天的生活都充满了欢笑，从李浩林身上，我学到了很多东西，比如乐观和勇气，它们就像两股壮实的力量填补了我的内心。

李浩林看着我闷闷不乐的样子，突然“哧”一声笑了：“你真信？哈哈哈，骗你呢！”

我听后用尽全力给李浩林胸口挥了一拳。

这个混蛋，我可是伤心得眼泪都要流下来了啊。

不过，你不用离开，这真是太好了。

6

那天晚上，我做了一件出生以来最有勇气的事。

下课后，我把陈若琳叫到教学楼外面的空地，直截了当地告诉她：“我喜欢你。”

事前我跟李浩林商量过，向陈若琳告白，应该是霸气一点儿，“做我女朋友吧”；还是用建议的语气，“我们交往怎么样”好呢？但最后我还是采取了陈述语句。

陈若琳也很直截了当：“很抱歉，我有喜欢的人了。”

“没关系。谢谢。”我早就做好了一切打算，这也是预料中的结果。这时候我松了一口气，我终于向喜欢的人告白了，并且不用等到真正的世界末日那天。

我和李浩林一起回家。我告诉他自己被拒绝了的事。李浩林只是笑了笑，难得地没有发表意见。

分别时，李浩林突然对我说：“认识你很开心。再见。”

“再见。”我当时在想，明天去学校见到陈若琳，是不是当作什么也没发生过比较好？

但是第二天，来到教室我却发现，李浩林的座位已经变成空荡荡的了。

空荡荡的桌面，空荡荡的凳子，还有空荡荡的桌肚。我看着它们，心里一片怅然若失。

陈若琳告诉我，李浩林和他爸爸半小时前来把他的书本搬走了。她说："还好通讯录昨晚已经发了下来，不怕他以后找不到我们了。"

我翻开通讯录，看着李浩林和我写下的留言，突然很后悔自己写了那句话。

我想我应该写的是："希望有一天你会回来。"

7

李浩林离开了，我一个人坐到了高二结束，但我没有觉得孤独，因为我跟陈若琳渐渐变得很有话聊。

一开始，我们的话题都是关于李浩林。

陈若琳说，有一天中午她去小卖部的时候看见了李浩林，他买了两罐可口可乐，给了老板五十元，却被老板发现是假币，李浩林只好重新掏了一张五十元出来。陈若琳说的时候嘴角有笑意："他真大胆啊，竟然敢做这种事。"我却愣住了，原来我的那张五十元假币，他没有"以牙还牙"地还给老板，而是自己替我吃了这个亏。

见我一言不发的样子，陈若琳推了推我的手，问我怎么了。我摇摇头，很快便换上一脸"李浩林般"的坏笑："你是不是喜欢我同桌？"

陈若琳愣住了，她微微低下头，好一会儿才轻轻地点了点。

其实本来我并不知道，直到有一天我翻看通讯录中的留言，发现陈若琳的留言写着："穿越时空，竭尽全力，我会来到你身边。"我越看越觉得熟悉，读了好几遍，直到用调子把这句话哼出来，我才发现，这是迪迦奥特曼中文主题曲《奇迹再现》里的歌词。

"穿越时空，竭尽全力，我会来到你身边。"

原来陈若琳早已把自己的告白藏在留言里，原来那天她说世界末日要跟自己喜欢的人告白时，停留在李浩林身上的眼神，其实别有用意。

陈若琳还告诉我，就在李浩林说他要离开的那天中午，她就给他递了小纸条，可惜李浩林的答复只有一句："对不起，奥特曼不能和人类在一起。"当时她很不甘心，但现在她明白，那不过是"迪迦奥特曼"委婉的拒绝罢了。

说完陈若琳突然小心翼翼地问我："我说这些……你不会介意吧？"

"哈，"我笑了，"没事啦，我跟迪迦奥特曼什么关系？"

陈若琳听了，捂着嘴巴笑得花枝乱颤。

8

"如果有一天我突然消失了，请不要来找我，因为我回到了奥特之星。"

我看着李浩林写在通讯录上的这句话，情不自禁地觉得好笑。李浩林的坏笑又浮现在我眼前，他仿佛还站在教室门口，眉飞色舞地说自己送老爷爷回家导致迟到的经历；他仿佛正举着可口可乐跟我干杯，并戴着迪迦奥特曼的面具；他仿佛正在我耳边说，加油，去跟你喜欢的人告白吧。

李浩林，因为你的不辞而别，我还来不及感谢你，感谢你带给我的一切。

如果有一天你会回来，我想我会像第一天那样，对你说同样的话。

"我叫潘小丸，欢迎来到地球。"

走过漫长的黑夜便是黎明

林茵是个漂亮的女孩子，性格开朗，好些男孩子追求。她和班上的男生也玩得很好，里面包括周子安。我曾一度害怕周子安喜欢上她，后来班上真的传出谣言说周子安喜欢她。我不知道真假。

老师帮我换了位置，我和晴宛坐在一起，我不是会藏秘密的人，她也知道了。

当娘娘腔变身真汉子

闻人晴

1

据说每个女孩儿都需要一个男闺密。

肖楠绝对是个让我忍不住点赞的好闺密，我俩从小穿一条裤子长大，他小时候穿裙子尿裤子的事我比谁都清楚，我干过的丢人事他也全都知道，用他的话说，我俩就是拴在一条绳上的蚂蚱。

说实话，如果不是肖楠上的是男厕所的话，没人能联想到他是个男生。想我见他第一面时他穿着一条碎花连衣裙，扎着两个羊角辫，粉嫩嫩的让我色心大起，那时我就把他当成了我的好姐妹，把那些打他主意的小屁孩都撵走了。后来不知怎么的他就变成男的了，真是让我大受打击。

之后我过了好几个月才缓过来，后来一想也不差啥，最多就是不能一块上厕所了，其他的都照旧。

上小学那会儿，班里的男生看他长得瘦弱好欺负，要不是我护着他，他能顺风顺水念到高中？让我欣慰的是这小子知恩图报，自愿地给我当起了小跑腿，有人伺候自然是好事，再说我俩谁跟谁呀！所以我就遂了他的愿，尽情地使唤他。

让我意外的是居然还有人能相中肖楠。那是初中时候的事了，那会儿我就感觉班里有一姑娘对我不友善，后来才知道原来那姑娘看上肖楠了，把我当情敌了，我冤不冤哪我！

再后来那姑娘就很少在我面前出现了，我还细心地发现她貌似有点儿躲着肖楠，难不成这么快就移情别恋了？真没毅力。不过这小楠子也是，人家姑娘都那么主动了他就不能稍微也主动点儿？现在可好，人家不搭理他了，悲哀！

2

在我的观念里，从来没把肖楠当成男生。我觉得作为一个真正的男生应该像李宇豪那样：长得高，爱运动，最重要的是冷酷！

说到李宇豪，那简直就是我心目中的白马王子！长得又高又帅，篮球打得也好，沉默寡言，特有男子气概。反观肖楠，长得白白净净，瘦得跟个麻秆似的，我真怕来阵风就把他吹跑了。说话还柔声细语的，这不典型的娘娘腔嘛！

别看小楠子这么弱不禁风，还挺能耐，进了校篮球队。这可真是给了我一个千载难逢的好机会，我以后每天都可以打着等他回家的名义去看李宇豪练习啦！当然，这些我是不会告诉肖楠的，我跟他说我放学等他回家顺便看他打球，他一听美得鼻涕泡都出来了。

以前我也看过李宇豪打球赛，但那时人太多看不清。我跟他也不同班，根本就没有说话的机会，还多亏了肖楠我才有机会跟李宇豪近距离接触。

此时我拿着两瓶饮料，紧张地站在球场边，今天一定要和李宇豪说上话！他们休息的时候，肖楠跑到我旁边，乐呵呵地跟我说着什么我也没听进去，满脑子想得都是怎么跟李宇豪搭讪。

“我跟你说话呢！”肖楠大喊一声，还伸手在我面前晃了晃。

“啊？”我回过神来，递给他一瓶饮料，“给你的。”

他伸手接过咕咚咕咚地喝了起来，连句谢谢都没说。我偷看了一眼在旁边休息的李宇豪，他该不会拒绝我吧？只是一瓶水而已应该不会吧？到底过不过去呢？正在我心中大战的时候，肖楠突然往我后背上拍了一巴掌，道："你今天咋老是心不在焉的呢？"

对了！肖楠跟李宇豪在一个队里练习肯定互相认识啊，直接让肖楠介绍不就好了？哪用得着这么费劲？

"哎，旁边那人是谁啊？怎么不说话呢？"我指了指一旁的李宇豪。

"你不知道他？"肖楠狐疑地瞅了我一眼，"他叫李宇豪，咱班女生经常谈论他，你不知道？"

我心虚地笑了笑，恍然大悟道："啊！原来他就是李宇豪啊，球打得真不错！"

"那是！"肖楠得意地挺了挺胸。我满头黑线，我夸李宇豪他得意个什么劲儿啊？我刚准备喷他，却发现他正在向李宇豪招手。

当李宇豪走到我们旁边时，我悲哀地发现，李宇豪怎么跟肖楠那么相配呢？

"李宇豪，给你介绍一下，这是我发小陈圆圆。"

幸福来得太突然了，以至于我都没反应过来。李宇豪转头看向我，我却紧张得不知说什么好，只好匆忙把手里那瓶水递到他面前。

他一愣，随后接了过去，淡淡地说了句谢谢。我当时激动得都想上天飞两圈，李宇豪居然跟我说话了，要让我们班那些女生知道不得羡慕死？

这么一想，我居然得意地笑了出来。不过很快我就后悔了，因为旁边的两个人都以一种怪异的眼光看着我，我干笑着回答道："不客气不客气，呵呵呵。"

"陈圆圆？"

"干吗？"我依旧笑容满面地看向肖楠。

"你笑得跟哭似的……"

丢人丢大发了！

回去的路上，我沮丧得不行，一个劲儿地哀号。肖楠对我的反常举动很是不解，问我怎么了我也不搭理他。

“对了，今天换衣服的时候李宇豪说你有意思。”

我停止了哀号，有意思是褒义词还是贬义词？

“我跟他说你精神一直不大正常。”他又说道。

我转头，冲着他咬牙切齿道：“肖——楠——”

3

我跟李宇豪算是认识了吧？这是我最近一直在思考的问题。每次我去看他们练球的时候他都冲我点点头，我也冲他点头，但是谁都不说话。

我深吸一口气，难不成，这就是传说中的点头之交？

不行！我不要点头之交，一定要拉近和李宇豪之间的距离，得想出一个具有可行性的计划。

视线又落到了肖楠身上，要想跟李宇豪拉近距离还是得指望他啊！似乎是感受到了我的灼热视线，肖楠忙退得离我远远的，警惕道：“干吗？”

我笑得和善，道：“你躲什么？周末要不要一起出去玩？”

“不要！你每次一这么笑就准没好事。”

这家伙居然这么明目张胆地拒绝我！我大步走到他面前揪起他的耳朵，“你去不去？”

“去去去，你赶紧松手，疼！”他一边挣扎一边叫嚷着。

我松开手，趁热打铁道：“那顺便叫上李宇豪吧！”

他忽然停住了揉耳朵的动作，转过身看着我，神色怪异道：“叫他干吗？你跟他很熟吗？”

“就是不熟才让你叫！”此时的我并没有发现肖楠的异常。

“不熟干吗还要叫他？你想干什么？”

他的语气让我很不舒服，像审犯人一样。于是我不服气地大声道：“不就让你帮忙叫个人吗？问那么多干啥！”

他看我一眼，“我跟他也不熟，帮不了你。”说完转身就走了。

不熟？他们天天一起练习还能不熟？这臭小子分明就是敷衍我！不过刚刚他那表情好冷啊，该不会是生气了吧？我刚刚也没怎么样啊，他生什么气呢？

忽然一个不祥的念头在我脑海里闪过：肖楠他……该不会是对李宇豪有想法吧！

4

之后的好几天肖楠都不理我，我说要等他一起回家他也冷冷地拒绝掉。果然！他一定是发现了我的意图然后产生了危机感，开始禁止我接近李宇豪。

得知这个惊天秘密后我很痛心，我居然和小楠子喜欢上了同一个人！这让我以后如何面对他？最让我闹心的是我以后就没有接近李宇豪的机会了！

冷战了几天之后，肖楠沉不住气了，主动来找我说话。

“你这几天在躲我？”听听，这是认错的语气吗？

我从鼻子里哼了一声不搭理他。

“你说等我回家就是为了去看李宇豪吧？你喜欢他是吗？”他又问。

这下我就心虚了，看他那表情是跟我兴师问罪来了，我居然敢觊觎他看中的人，看来我俩这么多年的感情还是比不上他对李宇豪的爱啊！

我悲痛地抽抽鼻子，坦言道：“你放心，我就是听班里女生总提起他想见见他而已，没别的意思。”

他似是不相信一般盯着我看了好一会儿，问道：“真的？”

我撇撇嘴，不屑道：“骗你干啥。”实际上心里已经骂了他不下一千遍了，老娘都不跟你抢了你还在这儿矫情个屁啊！

就在我即将忍不住破口大骂时，他终于收回视线，又变回以前那个娇弱的小楠子，柔柔地说："其实我也没有别的意思，你别往心里去啊。"

我真是捏死他的心都有了，他以为这是看书哪？变脸比翻书都快！

5

我都已经打定主意不对李宇豪抱有幻想了，但常言道：有心栽花花不开，无心插柳柳成荫。我就是在这样不抱有希望的情况下偶遇了李宇豪。

那天家乐福大促销，我妈正好让我去买酱油，我就顺便买了一兜子零食。谁知那袋子质量那么差，走到半路就漏了，害得我的好吃的滚得满地都是。

我捡了这个掉那个焦头烂额的时候，一双小麦色的双手帮我捡了起来。我抬头一看，居然是李宇豪！他冲我笑笑，说道："这么巧。"

而我在那一刻心里的感觉居然是惊悚！李宇豪居然冲我笑了！于是我就蹲在地上石化了，过了好一会儿才缓过来。

我俩抱着零食并排走着，他毫无征兆地开口问道："最近怎么不见你去球场？"

我支支吾吾说跟肖楠闹别扭了，就没去。其实心里苦得很，我总不能说是因为肖楠吃醋不让我去吧？

忽然他停下脚步，低着头看不清表情，"你……和肖楠是什么关系？"他低声问道。

我转头诧异地看向他，发现他的脸上有一丝可疑的红晕。他该不会是对我有意思吧？

"他是我发小，我俩从小一起长大的。"我如实回答，意外的是心里居然没有欣喜，反而涌起了淡淡的哀愁：这是多么惨绝人寰的三角恋啊！

他了然的“哦”了一声就不再言语。我俩一直沉默地走到我家楼下，气氛尴尬得很。

回家之后我仔细地想了想，如果让我在李宇豪和肖楠之间做出取舍的话，我还是舍不得陪伴了我那么多年的闺密，就把李宇豪让给他好了。

谁知李宇豪送我回家的场景竟然被肖楠看见了，貌似还有点儿误会。虽说我想跟他解释清楚，但我觉得如果我当面揭穿他喜欢男生的事实他应该会无地自容，所以我还是忍忍吧，毕竟他给我当了那么多年的跑腿，没功劳也有苦劳了。

于是，面对不高兴的肖楠时，我老老实实站那儿任凭他数落，像个犯了错的小学生。

“那天你怎么会跟李宇豪一起回家？”他问。

“只是碰巧遇到。”

“那他为什么要给你买那么多吃的？”

“……那是我自己买的。”

我解释完之后，他还是皱着眉，一副不高兴的样子。我无奈，看来不用撒手锏是不行了！

“你放心，我不会跟你抢李宇豪的。其实对我来说还是你这个好姐妹比较重要，但是我不知道李宇豪有没有——”

“陈圆圆！”肖楠愤怒的粗声打断了我，“陈圆圆你是白痴吗？谁跟你说我喜欢李宇豪，我喜欢的是你！”

我发誓，这是我这么多年来看到肖楠最爷们儿的一回。感谢上帝，终于让他变得像个男生了，不过——他刚刚说了什么？貌似说了喜欢我？

我不确定地看向他，他还是一副酷酷的样子。我嘿嘿一笑，忽然发现其实肖楠长得也挺帅的，如果一直这样下去也不错。

看来我以后要努力地惹他生气，好让这个娘娘腔变身真汉子。

走过漫长的黑夜便是黎明

八蟹

1

初中毕业照照得很不尽人意，这算是委婉的说法了。龅牙，大脸，小眼睛，皱着眉，长长的斜刘海飘在空中，每次看照片时，总有种想把自己马赛克掉的冲动。那时候的自己再和现在对比一下，确实变化很大。周子安也这么说过。

周子安是我的初中同学，毕业照里站在最后一排左数第四个。我指着他对茉莉说，这个，是我以前喜欢的男生。她拿过照片，瞅了瞅，又瞅了瞅，仿佛想把自己融进照片里探个究竟。末了，她说麦青你眼光真不好。我笑而不语。

我也觉得周子安不帅，但就是因为不是长相上的喜欢，才让我更刻骨铭心。

2

也许很多人对周子安都有印象，因为他在开学一周后才进班。

时光抹去很多，却让我记得初见时的情景。周子安坐在第一组最后一桌，一个人。穿的是运动服，上衣是绿白相间的无袖条纹，黑色短裤。瘦小，用一双很亮的眼睛打量着这个教室。那会儿也看不出来是个不安分的孩子。

等班上的男生们打成一片后，周子安才暴露了他的本性，爱玩，调皮捣蛋的领头。许多女生不喜欢他，我也无感。

班上只有一个小学的同班同学，叫陆臣心，我们关系本来很好，却不知从哪一天开始，他总是对我恶言相向，我愤怒，但隐忍，最多只是吵嘴。

三月的天，初春，空气里还是有些寒冷，我坐在位置上看书，陆臣心不知哪根筋搭错又来招惹我。这次我的怒火彻底被点燃，和他竟拳头相对。他扯我的头发，我用书砸他的脑袋。但我终究是女生啊，始终占下风，我希望有人帮我，可是没有。

班上所有人只在看热闹或保持缄默，他们竟能如此冷漠，我才明白什么叫如人饮水，冷暖自知。

火药的焦味已经蔓延，忘记我说了一句什么彻底惹怒了陆臣心，他抄起身边的椅子砸向我，我下意识地用手挡在面前，却毫发无伤。

是周子安，帮我挡下了那致命的一击。

他抓住了椅子并甩到了一边对陆臣心说，不要再打了。我记不清后来他还说了什么，因为那时的我脑袋一片空白。陆臣心收手了，周子安走过来对我说没事吧。

你能想象那个画面吗，一个平时调皮捣蛋此刻却很正义的男生站在一个头发乱蓬蓬看起来狼狈不堪的女生面前，问她没事吧。我抬头看他，有点儿想哭，但忍住了，只是对他摇了摇头并说了谢谢。

长得并不出众的周子安就这样闯进了我的生命。毫无预兆地，几乎是一箭命中，触到我内心深处最柔软的地方。

我永远记得那些人冷漠的表情，记得没有人劝架，而那一刻，只有周子安一个人站了出来。

我想我是有英雄情结的，所以我很轻易地喜欢上了周子安，起初我以为只是感动，后来才发现，那种复杂的情感是比感动，甚至是比喜欢更深刻的。

3

喜欢周子安是秘密，我只告诉了我的同桌林茵。

林茵是漂亮的女孩子，性格开朗，好些男孩子追求。她和班上的男生也玩得很好，里面包括周子安。我曾一度害怕周子安喜欢上她，后来班上真的传出谣言说周子安喜欢她。我不知道真假。

老师帮我换了位置，我和晴宛坐在一起，我不是会藏秘密的人，她也知道了。

几个朋友都知道了，但周子安不知道。

周子安喜欢打篮球，他是我们班篮球打得最好的男生。都说爱屋及乌，为了能更靠近他，我开始学打篮球。

每周六早晨都有英语补习，我没参加，周子安有。地点在一个小学旁边的民居。补习前男生们都会先进来小学打球，课间也会。我和晴宛就抱着球让另外一个球技不错的男生教我们，他性格很好，爽快地答应了。

于是每个周六早晨我都在那里学打球，由于投球不准，时常球会滚到男生打球的地方。如果是周子安把球抛过来，我就会小雀跃一下，或者就站在边上看他打球。他打球的样子真好看，会把裤子挽起来，露出细长的小腿。那时周子安已经长高很多了。

我从教室后门走进去，有男生大喊周子安喜欢林茵。大家呼声一片，我看见周子安追着男生打闹，但他脸上分明洋溢着笑容。我一下子僵硬了身体，感觉身上流淌的血液瞬间凝结了。晴宛看出我的异常，担心地问我，没事吧。我晃神了很久才摇头。

那一周我都没有睡好，QQ里周子安的聊天框点开又关上，点开又关上。空间早就锁了两个月，里面写满了女生的小心思，其实我说过喜欢他，但他没有当真，我便也玩笑似的带过。而如今，秘密像火一样在我的心里烧了起来，所以我思考了很久，还是把那四个字发给了周子安。

我不敢去想后果。周子安显然还以为这是个玩笑，他不信，找我要了空间密码，进去了，他却沉默了。

耳机里放的是一首日语歌，悲伤的曲调，循环播放了很多遍。也不知过了多久，周子安发了一个日志，他说是写给我的，只有我看得到。

日志不长，也记不清前面写了什么，好像是他确实喜欢林茵之类的。尽管那一天与今天相隔了整整五年，日志的最后一句话却像是烙印在了脑海里，让我根本无法忘却。

他说，别难过，我选择了你。

简单的八个字，我握着手机泪如雨下。

那天晚上我睡得很香，梦里周子安牵着我的手走了好多条街。他笑起来露出的一颗小虎牙我很喜欢。

4

第二天我怀着期待紧张的心情去上学，我不知道见到周子安该说些什么，我们算在一起了吗，他说他选择了我，应该是吧。

我刚坐下，还处在尚兴奋的状态，晴宛从教室外跑进来，她说麦青你出来一下我有事和你说。她的表情很凝重。

我靠在墙上，眼睛没有看她，而是低着头，目光呆滞地盯着自己的白色鞋子。我的拳头握得很紧，指甲盖要拧进肉里，可是那点儿痛，算什么。

“周子安和林茵在一起了。昨晚的事，周子安说就是你向他表白之后，林茵说她答应周子安当他女朋友。”

故意的吧，呵呵。班上有两个男生在追她，一个是周子安，而另一个男生所有条件都比周子安好，而且她明明说过对那个男生的好感更多，她明明知道我喜欢周子安，明知道。

我回到位置上，隔绝了喧嚣，手里握着的笔悬在空中不知要做什么。耳边晴宛的话不停地回响。林茵从外面进来，活蹦乱跳地走到我面前，我抬头看她。她笑着说，对不起啊，抢了你喜欢的人。

我一言不发，好像被剥夺了声音。

她一直不就是这样的人吗，否则怎么会和朋友不停地闹别扭，否则我们怎么可能会吵架，严重到必须要老师换位置。

她走了。我看向窗子外面，晴朗的天，连风都没有。我的心里，忽然崩塌。

5

我度过了我自以为最难熬的一周。接近夏季，周子安和林茵开始出双入对。

我没有问周子安任何问题，因为这是他的选择，我无法左右。但我恨，仇恨在心里一点点滋生。我不甘心看着他们甜蜜，于是我也去找了依靠。

那个所谓的依靠叫宋景。有名的花花公子，两人都抱着玩玩的心态，最后却也坚持了快半年。我没想到的是宋景好巧不巧地正好和周子安是兄弟，于是两人约会常常变成四人派对。

我想放下，所以我看见周子安都会努力保持平常心态，看似我确实做到了，只是我看不清自己的内心。

暑假时他们分手了。他们分手这么迅速是我没有预想到的，但分手是林茵提的却在我的意料之内。周子安的姐姐说周子安那天以后心情都很差。我好像能通过她的描述看见分手后一蹶不振的周子安，病恹恹地趴在桌上一声不吭的样子。

想到这里我的心情也沉了下去，我对林茵便更加厌恶。于是我很愚蠢地在空间里骂林茵，我没有指名道姓但明眼人都看得出来我在指责谁。

喜欢会让人心变险恶。我之所以用愚蠢来形容此举是因为我为了周子安骂林茵，而周子安，却为了林茵回骂我。

时至今日我对他的恶言也仅有模糊的印象，然而当时的心情痛得让此刻的我仍有想流泪的冲动。那一天我躲在房间里哭了整整半小时。

从那以后我和周子安便形同陌路。

我和宋景在开学不久也分开了。年少时的爱恋如此脆弱，只因几句争吵就可以不了了之。但我明白这段渐渐认真的感情中，宋景是真的对我好过。

因为一个人喜不喜欢你，你是可以感受到的。

周子安继续当他痞痞的少年，他和林茵做不成情人，却依旧可以愉快地玩耍。这场无疾而终的喜欢里，我是唯一的输家，而且输得彻头彻尾。

是谁说过，认真就输了。

6

生活渐渐步入正轨，每天上学放学，过着一成不变的生活。

我穿过嘈杂的人群走到座位，却在拉出椅子的时候发现了椅子上有一层厚厚的灰。显然是有人恶作剧将粉笔擦拍在我的位置上。我气得咬牙却只能不动声色，目光扫视了一圈教室，最后停在了周子安身上。他趴在桌上，头埋得深深的，他抬头时恰好对上我的目光，然而他只是不屑地看了我一眼。

一定是他，我移开视线，心里的怒火恨不得烧到他身上。他讨厌我，所以故意弄脏我的位置，一定是他，他平时从来不早到的，而今天却来得这么早。

我所有的喜欢仿佛都化成了怨念。他不在的时候我也把粉笔灰拍在了他的桌椅上。

第二天他来的时候看到后没有找我，只是很大声地在班上骂了一句脏话。我坐在自己的座位上却没有复仇的快感，反而觉得难过。

原来人最后真的会变成自己讨厌的模样。

一场悄无声息的战争在我们之间展开了，幼稚至极。他回击，我亦如此。每次到校我都会先检查桌椅，用手或纸巾擦拭一遍才敢放心坐下。久而久之便成了习惯，而这个习惯到如今我也未能改掉。

战争总会有爆发的时刻。当所有人围在垃圾桶旁时，当我发现自己的书包不翼而飞时，我便知道了课间操前周子安趴在走廊对着楼下的我冷笑的真正意义。

我拨开人群，果然看见了我的书包。它被无情地扔在了肮脏的垃圾桶里，上面还有脚踩过的痕迹，看起来狼狈不堪。

我在旁人诧异的目光之下捡起了自己的书包，默默地走回座位。我用纸巾不停地擦拭，而眼眶里不停打转的泪水也终于忍不住掉了下来，一滴一滴，砸在我的书包上。

我狠狠地抹掉眼泪，走向周子安。

7

彼时的周子安正和朋友嬉闹，我从他身后抓住了他的手臂。他回过头皱着眉问我干吗？我怒视着他的眼睛，一字一句地说："道歉。"他冷笑，甩开我的手，骂我神经。

我彻底被激怒，紧紧地抓着他的衣服恶狠狠地重复着那两个字。我的视线早已模糊，却还是忍着不让它掉出来。

围观的人很多，他们不明所以。我咬着嘴唇盯着周子安，手死死地拽着他不肯放开，仿佛放开，我的灵魂也消失了。

周子安迟迟不道歉，他只是越来越不耐烦，有朋友惊呼麦青你的嘴唇流血了，我却无暇理会。

也许是忍耐了很久，周子安终于发飙了。他非常用力地将我甩开。那一瞬间，仿佛我的灵魂从我的身体被迫抽离出的那般疼痛。我隐忍的悲伤还是不可抑制地迸发出来。

在教室外我趴在晴宛的肩膀不停地哭，仿佛要流尽一生的眼泪。

那是我与周子安唯一一次正面冲突。

从那以后直到毕业我们几乎没有任何对话。

那段时间仍是我不愿想起的时光，但它们真实地存在过，不是我不愿承认便可以抹去的。

我们谁也没有道歉。时间带走了回忆，也慢慢地抹去我所有的仇恨。

我们不再针锋相对，恢复陌生人的身份平淡地度过了最后一年夏天。

8

距离产生美在我身上有了很好的验证，毕业后我们竟又恢复成普通同学，在网上偶尔也能聊聊天。我实在想不起这之间是否有发生过让我们关系缓和的事情。人与人之间的情感就是如此神奇。

初三那年周子安和隔壁班的桃子在一起了。桃子也是我的好朋友。我是最早知道这件事的，但那时我却没有一点儿难过，没有不甘，反而可以衷心地祝福。

当你真的很喜欢很喜欢一个人的时候，你会真心地祝他幸福快乐。是这样吗，不知道，也许吧。

中考后，我戴了牙套，牙齿慢慢地变整齐，人消瘦了，脸也小了，我用牙签割了好多年的双眼皮也渐渐有了效果。我把斜刘海改成了直刘海，有时也全扎起来。

很多人说我变漂亮了。

我不清楚我是否真的放下了，但我确实在开始遗忘一些令我难堪与悲伤的回忆。

我和周子安考上不同的高中。在朋友口中我得知他打篮球打进了校队，成为高一唯一一个进入校队的人。我为他高兴，我一直都知道他球技很棒。

十月，市里举行校与校之间的篮球赛。周子安在QQ空间里说他也会参加，好多人回复会去看，我没有回复，但我也去了。

地点在体育场。比赛是在室内，人很多。我是挤进去的，人很多导致身体根本没有可以自由活动的空间，而我又因为近视太深没有在人群里看到周子安。

有更多的人想挤进来，我便识相地退出。我不是很喜欢过于热闹的地方。

出了篮球馆，我坐到了体育场旁的石梯上。恰巧去B市读高中的晴宛打电话给我。

聊着聊着她问我在哪这么吵，我告诉她篮球赛，周子安有参加，我就来看了。

这话我说得非常顺口，丝毫没有感觉到别扭。倒是电话那头的晴宛沉默了几秒，然后小心翼翼地问我，麦青，你还喜欢周子安吗？

我忽然失了声。

过了一会儿我笑着回答她，没有啊，都过去了。

那天晚上我都没有看到周子安，因为没有再进去。晴宛的那句话一直缠绕在我的心上，让我久久不能释怀。后来据桃子说周子安那天晚上一直坐在候补位上没有机会上场，为此桃子还挺生气。周子安倒是不以为然，他更新了空间动态：是金子总会发光。

虽然周子安有一大堆的缺点，但是总有一些属于他的光芒。

9

关于林茵。因为周子安我们吵过很多次，后来我和她彻底断了联系。我带着对她的恨意与恐惧战战兢兢地度过了浑浑噩噩的初中三年，不愿重提。但我开始重新审视自己，我看见了那个懦弱与胆怯的自己。

在爱情里本没有对错，林茵只是选择了那个喜欢自己的人，爱本自私。我不能怪她，要怪只能怪我自己没有本事让周子安喜欢我。但这一切都不重要了。

我和周子安终于能心平气和地待在同一个场合，说说笑笑。玩真心话大冒险的时候他问我初中最讨厌的人是谁，我想了很久，笑着说就是他。他一拍额头说了句“哎哟我去”。大家都笑了。

因为我最讨厌的人就是我最喜欢的人啊。但我把这句话放在了心里。

凉凉的酒突然升温了。

他和桃子吵架的时候我总会在中间当和事佬，看得出来他们很珍惜这段感情。我和周子安都没有提起过初中我喜欢他的那一段不堪往事，好像从来没有发生过一样。

很多事情后来才慢慢知晓了真相。例如第一次粉笔灰不是周子安拍的而是陆臣心，例如那个恶狠狠的陆臣心原来是喜欢我才会对我那么坏，可能每个人喜欢别人的方式都不一样吧。例如周子安起初并没有讨厌我，只是因为他觉得我很讨厌他，便对我也厌恶起来。

虽然你确实变漂亮了，但是我说的变化大不是这方面啊。周子安在聊天那头说。

那是什么？我有点儿好奇。

我是指性格方面，比以前好相处很多。那时候的你，总是让人难以捉摸，像满肚子的心事。但现在就不会了。

我在聊天的这一头忽然有点儿愣住，想了想，大抵是因为我对喜欢的人太执着吧。

因为人都会变嘛。我发给他，加了个龇牙咧嘴的笑容。

10

以前我总以为爱情故事里，最好的结局无非就是我喜欢的人和我在一起了。但是现在看来，好像不是这样。

我终于可以承认，我还喜欢着周子安，但我不会告诉他，也不会去打扰他和桃子。能和一个值得在一起的人走下去，是好的。

初中三年对我来说就像是漫长的黑夜，我在暗夜里摸索，跌跌撞撞，受伤难免。但庆幸，走过漫长的黑夜便是黎明，我终会看见曙光。

最后一次梦到周子安是半年前的事。梦里他愣愣地看着我，然后认真并欣慰地说，麦青，你变漂亮了。

我在梦里哭了，但我醒来后却笑了。

那个替我挡下伤害的周子安成了我生命中的第一个英雄，并且，他会一直留在我的心里，最最深处。

或许于我而言，这才是最好的结局。

L先生，你是我最隐秘的心事

陈小艾

多年后都会让我们笑出声来的遇见

第一次见到L先生的时候，我还是个刚进大学的新鲜人，当然，那时他也还不是我的L先生。

那时我是刚上大一不知天高地厚、立志要在校记者团闯出一片天地的小丫头，夏木木。

他是高我两届的学长，是所有人眼里的焦点，周身围绕着璀璨耀眼的光芒，他是跟我的生活没有一丝交集的，林寒漾。

在2009年，如果你说夏木木与林寒漾之间有什么故事的话，对方一定把头摇得拨浪鼓一样拍着胸脯跟你保证，说一万遍“不可能”。是啊，即便灰姑娘与王子之类的故事在我们儿时的记忆里不断翻腾，但想起当年给你念故事书的外婆嘴里稀落的牙齿时，你便会摇摇头更进一步坚定，那只是讲给小孩子听的睡前故事罢了，现实中哪个王子不爱公主，最起码，也要站在一起让人觉得登对嘛。

要说我们之间真有故事，那也就是一篇校网上的人物专访，被采访的是新任校学生会主席林寒漾，报道结尾处不起眼地署着“夏木木”。

那是我给他写的第一篇专访。

那年学校学代会换届选举，林寒漾不负重望地成功当选。我作为学生记者接到为新任学生会主席做专访的任务，一上午坐在媒体席里看着冗长又没有新意的选举，最后昏昏欲睡打起了瞌睡。醒来时报告厅已经变得空落落，想到专访可能要泡汤，手机又恰巧没电了，着急得差点儿哭出来。

夏木木啊，你怎么那么笨，你连新一任学生会主席是谁都不知道，你还怎么写稿子啊。我使劲按着手机开机键。

“手机不存电了吗？你可以把电池抠下来放到冰箱里冷冻四十八小时，再暴晒四十八小时，最后从四十八米的高空抛下，电池续航能力将会明显增强。”

我转身，看到身旁的男生高大挺拔，气宇轩昂，眉眼舒展，对我浅笑。

“真的吗？”傻乎乎的我并不知道这就是我要采访的人，却对他明显是开玩笑的建议颇感兴趣。

“当然是真的，我已经尝试过了呢，电池续航能力明显增强。”

我瞪大眼睛，他话锋一转：“因为这么做了后我不得不换个新手机。”

“噗——”我笑得前仰后合。

“嗨，我是林寒漾，我们的专访是要在这里开始吗？”

夏木木，我看好你哦

我没想到，校网上的专访登出来后引起了一场不大不小的风波。

之前学姐交代过可以写写他对大学里学习、工作以及爱情的看法之类，力求真实。从报告厅出来后，我的问题他都有问必答，唯独对大学爱情的看法，我张了几次口最后还是没好意思问出来，毕竟刚从高考解放出来的我，爱情还是个有些禁忌不可以明目张胆谈论的话题。

他一遍遍笑着问："还有什么要问吗？"我将头摇得像拨浪鼓一样，斩钉截铁地说："没有了。"接了好几个电话后，他转头对我说："今天还有点儿事，我留一下你QQ号，晚上再联系。"

回寝室后，自诩文笔还不错的我，很快稿子便已基本成形，只是学姐交代的最后一部分对大学爱情的看法始终无法落笔。看着好友列表里他一直暗着的头像，无奈我只能自己加了一些对爱情的看法凑在了稿子结尾。

专访登出来引起了不少人议论，我在写到他对心中另一半的期许时，这么描述——她不用太漂亮，但一定要善良、体贴识大体，对我不离不弃，两人要一路高歌相携前行。

因为对他了解太少，只知道他单身，并不知道之前他有过一个惊艳四座的漂亮女友王嫣然，两人刚刚分手，据说是因为她要去香港做交换生，两人对未来的规划有了分歧。

我的描述完全与林寒漾真实的生活南辕北辙，自然引起了不少人的议论。

哎，林寒漾跟王嫣然分手之后标准降低了耶。

林寒漾肯定还对王嫣然去香港做交换的事情耿耿于怀。

……

一时间各种风言风语甚嚣尘上。很快那个叫王嫣然的漂亮学姐便气势汹汹地找到我。

夏木木，专访是你写的吗？

夏木木，林寒漾真的是那样说的吗？

夏木木，林寒漾心里只有我一个人，不是所有的丑小鸭都会变成白天鹅，也有可能是唐老鸭！

尖酸刻薄的话语让我眼泪直打转转，反击的话还没说出口，肩膀上便附上了一双有力的手。"王嫣然，你够了，是我这么说的。"我抬头，是林寒漾。

我一连说了几个谢谢，他说："该我跟你说谢谢吧。夏木木，这周末学生会纳新，我诚恳地邀请你来，我看好你哦。”

L先生不说话，我要做勤奋的杜拉拉

赶到纳新现场时，已经挤满了人，我找了个角落的位置坐下。

林寒漾从隔壁面试间走到候场区来，目光搜寻到我后，微笑着对我摆出“加油”的手势。

我粲然一笑。

面试问题我对答如流，评委频频点头，我知道自己稳操胜券。林寒漾自始至终都没有说话，只在我要走的时候，轻轻说：夏木木，欢迎你加入学生会大家庭。

两天后，我接到学生会第一次例会通知。

我进了学生会宣传部，负责新闻。以后的每次例会，我坐在第三排靠近角落的位置，微笑地看着台上把各项工作都安排得井井有条的林寒漾，能这样近距离地望着他，安安静静地看着他的感觉，真好。

再然后，学生会的常规工作开展起来的时候，我像个陀螺一样忙得团团转，恨不得一天能有二十五个小时。

夏木木，今天下午是篮球赛的报道，三点半篮球场，准时到哟。

夏木木，周末校园歌手大赛的报道，记得早点儿到。

夏木木，心理剧大赛的报道、厨艺大赛的报道……

夏木木，今天天冷，过来的时候记得多穿衣服。

手机里满满的都是他的短信。

认识他的第一百一十六天，我在QQ上对他开了小眼睛，并把备注改成“L先生”。

认识他的第一百二十九天，学生会宣传部部长辞职，我成了部长。

我开始自学了PS技术、学摄影，几乎一个人包揽了各大活动从前期宣传到后期报道的全部工作，竭力帮他把每一个活动都做得尽善尽美，活脱脱一个变形女金刚。

从第一次见到他我就知道，看似平凡渺小微不足道的我，跟光彩熠熠的他，再怎么都不可能并肩登对地站在众人眼前。但我还是想尝试一下，自己飞蛾扑火不顾一切起来也可以给那么耀眼的林寒漾温暖，成为他背后一束闪耀的灯火。

L先生，我就是想让你安安静静地在那里，被很多人看到，被很多人喜欢，是不是属于我，都没有关系。

L先生从来没有对我说过深情款款的话，但我还是想做一个勤奋的杜拉拉，成就一个更光彩熠熠、被更多人喜欢的，L先生。

原来我们都是最关心对方的那个人

人人网上那个叫“好友印象”的应用风靡校园的时候，有天林寒漾忽然传给我一张截图，上面显示着“最关心你的人：夏木木”，我发了一串惊讶的表情过去。

喂，夏木木，这个应用真无聊，一点儿都不真实。

我心底升腾起来的喜悦感瞬间熄灭，故作轻松地给他回了一句，是啊，这么无聊的应用，也就你这猪头才相信。

他头像便暗下去，不作声了。

他当然不知道，因为他喜欢玩人人网，我便设他为特别关注，不管他发状态、写日志甚至是分享东西我都会第一时间过去抢沙发，并且会一再地刷他下面的评论，看别人跟他说了什么，他又给别人回了什么，竭力想知悉他生活的一切。

我很快登上人人网添加了那个“好友印象”的应用，迫不及待地去刷新想知道谁是最关心我的人。

林寒漾。跟我心里期许的结果吻合得天衣无缝。

我把截图发给他，他很快给我回复了一串省略号。

我调侃他，你上辈子是金鱼啊，就知道吐泡泡。

但心里还是有一丝难以遏抑的兴奋，原来我们都是最关心对方的那个人。

L先生，这是不是预示着，我们两个就该在一起啊。

林寒漾，请你一定要记得我

被搁置在我心底小小一隅的那个幻想，终究没有实现。

我的L先生，我终究没有等到他被我感动得一塌糊涂骑着白马拨开迷雾跨越千山万水走到我眼前的那一天。

很快，进入大四的他，要卸任了。

学代会那天，我坐在媒体席，瞪大眼睛望着主席台上的他，他光芒万丈的样子，一如我第一次见他时那样。

在过去的一年里，我任劳任怨地做着力所能及的事情，心甘情愿不去问值不值得，只为可以离他更近一点儿，在仰望他的时候不必被他耀眼的光芒灼伤双眼，至于他最终会不会属于我，与他温柔相待长相厮守的那个人是不是我，好像都没有关系。

正出神的时候，身边稀稀拉拉的掌声再一次打断了我的思绪，我看到林寒漾深深地向着台下鞠躬，身体弯曲成标准的九十度角，倏地，眼泪便没来由地蔓延了我的双眼。

林寒漾，我们是要就这样告别了吗。曲终人散，你优雅地转身，从此目光再也无暇顾及一直像影子一样的我。

我披上盔甲披荆斩棘像个打了鸡血、不知疲倦的女战士一样，我不问自己的喜怒哀乐，甚至从不奢求你会喜欢我。

你一直在那里，就是我不顾一切义无反顾下去的勇气。

可是此刻，就在你深深鞠的这一躬里，我似乎看到了我们最终要四散走开的人生，被命运这只大手剥离到不同的人生轨迹上去。

我看到他很快被围上去的人潮湮没，那张好看的侧脸，对着眼前的人群弯出好看的弧度。林寒漾，你从来都是属于那么多人，又怎会只安心做我一个人阳光的补给。

眼角有泪滑落，我拿手去擦，脸上的睫毛膏晕成一片如一只小花猫，他不曾注意到，我今天特意笨手笨脚小心翼翼地化了淡妆。

推开报告厅的门仓皇离开，我也不曾注意到，他的目光在看到媒体席上空落落的座位以及门口消失的背影时，瞬间黯淡下去，心里蹿起的那束火苗，也一点点地，熄灭。

林寒漾，请你一定要记得我，记得那个有些倔强、任性，却掏出一颗热气腾腾的真心来对你好的，那个女孩儿。

我是无法照耀到你心间的阳光。

你是我心头一直挥之不去的爱恋。

你看不到杜拉拉的眼泪

林寒漾卸任后便忙着张罗保研和实习。

新任主席上任后，我被任命为副手，轻而易举地进了人人艳羡的主席团。我出色的工作能力和认真严谨的态度，所有人都觉得我当之无愧。但我还是在众人的惋惜声里谢绝了任命，从学生会里退出来，安安静静地做回一个寻常学生。

我从来不是那种野心很大的女生，动辄便想掌控整个局面要做人人艳羡的女金刚。我的心愿，只是想离我心心念念的人近一点儿，所以我拼尽全力像个不知疲倦的杜拉拉一样，但我的初衷，从不是为了向上攀爬，那样尔虞我诈钩心斗角的生活，不适合我，我只是想安安静静待在一个我心爱的人可以看得见我的地方。

从学生会办公室走出来的时候，我忽然明白：林寒漾，你一直在我的前方，像我的指向标一样，我心甘情愿在你身后不知疲倦地奔跑，可是，你一直都走得太快，不肯伸手拉一拉被你撇在身后的我。

那么，我就这样放手让你走好了。

生活又回归到三点一线的轨道上来，手机不再像以前时不时地被林寒漾的电话、短信催得铃声在课堂上响起，那个早就被我熟记于心的号码，安安静静地躺在我的手机里，像个没人用过的空号一样。

上经济学课时，身边的闺密林晓竺捅了捅我："木木，我下午遇到你的 L先生了，他要走了，说想见你一面。"我心里忽然生出一种莫名的滋味。

其实，我们之间没有什么罅隙，不过就是偶然相识，自己心甘情愿为了他做了一些事，到后来觉得他不再需要的时候扭头安静地离开。

是不是心里期许的情节一直没有上演，也便心灰意冷地暗自神伤？

L先生，你看我也不过如此，没有自己想象的那么伟大那么无私，我也期待着能被你喜欢被你宠爱，不要一直在你身后做个笨拙赶路的小丑。

发了一会儿呆，我觉得一分钟都不能再耽误了，拨通了那个久违的号码，电话那边熟悉的那声"喂"传来，我一下子觉得这些天的隔阂全部消弭，捂着嘴巴像个傻子一样哭出声音来。

"喂，木木，你怎么哭了，你说话呀，我就要去北京实习了，想提前为你庆祝下生日，你想要什么礼物？"

"我想要一份长久的礼物。"我紧紧咬住下嘴唇，心底的那句话终究没有说出来。

"那我送你包防腐剂好了，今晚6点西门咖啡厅见吧。"他一贯的冷幽默。

"好。"我破涕为笑，像被一块糖果哄到破涕为笑的小孩儿。

看吧，L先生，无论何时，你一句话就能让我从最坏的情绪里走出来，在你面前，我都要擦干眼泪，想把我最快乐阳光的一面给你，我的眼泪，只是自己午夜的心事。

你看不到杜拉拉的眼泪，因为我总是人前笑得神采奕奕，人后哭得歇斯底里。

只是，L先生，临行前在咖啡厅见到你，算起来竟是我们的永别，我怎么都想不明白，我都还没有拥有你，又怎么会开始失去你。

毕竟，在通向你人生女主角的这条路上，我每一步都走得坚定执着。

一语成谶，是最黯然的结局

我从没想过，在L先生去北京实习的第九十六天，在距离他的归期还有不到半个月的时候，我却病倒了，无休止的头痛蔓延了我本该充满欣喜的等待。

拿到诊断结果的时候，望着脑CT图上那块清晰的异物，我在医院走廊里捂着嘴巴哭出声来。我不愿也不敢相信，多年前爸爸因为脑瘤手术失败离开我和妈妈，十几年后，噩运会再次降临到我身上。

林寒漾，我终究还是等不到你了。

被我闭着眼睛幻想了无数次的告白，我真的等不到了。我再也没有精力去做那些温暖你、让你感动的事情了。

办好休学手续，我安静地收拾好行李，妈妈在宿舍楼下等我。我离开没有告知太多人，只有晓竺来送我。晓竺紧紧抱住我，“木木，你一定要平安回来，我们还有很多事要一起做，这里有你的梦想，你的姐妹，还有你心心念念的L先生。”我转过身，上了妈妈的车，隔着车窗跟晓竺挥手告别，拿手背擦干了眼角的泪，妈妈从后视镜里看到我，蹙起了眉头。

按照我的意思，妈妈把我送进一家离家远的医院，我换了新手机号，不想让任何人找到我。不多久我的视力便开始逐渐模糊，身体左侧时常性地麻木或无力，连自己穿鞋子都变得艰难，但我迟迟不肯同意手术，我还没有做好充分的准备去接受一个完全未卜的结局。

L 先生，你去北京前，我担心再也见不到你了，我当时真的害怕你会扭头再也不回来。

只是，我没有想过，我们再也见不到，是因为我先选择逃避似的离开。

一语成谶，是最黯然的结局。

请原谅我，不怎么美好的我，也还是想让你记住我最美丽的样子。

再后来，晓竺对我说，L先生回学校后便开始发了疯似的找我，去过我的老家，问过所有可能知道我下落的人，最后空手而归。

他在那个七月黯然地参加了毕业典礼，离开学校时还是孑然一身。

我心里忽然有什么东西落了地，在手术同意书上签了字，妈妈为我请了最好的主治医师，两天后我将被推上手术台。

在医院九楼向阳的大玻璃窗前站定，眼角忽然有泪落下，我闭上眼，脑海里满满的都是林寒漾，想我们第一次见面，想我们一起共事，想我为了一个活动的前期宣传、后期报道熬夜到很晚都有他在线陪着，想他跟我开玩笑，想他隔着人群急切搜寻我的目光，想他走之前跟我告别，想我们可能再也见不到，我终于还是谁都不能带走，也终于没有在我们温柔相待的时候等来一句，我爱你。

两天后，我被推上手术台，妈妈一直紧紧握住我的手，我可以感受到，她想要传达给我的力量。曾经我是她身上的一团骨血，如今，我是她最重要的亲人。手术室门被关上的刹那，我看到站在门外的妈妈在擦拭眼角。

整整七个小时后，我被从手术室里推出来，妈妈紧紧握住我的手，喜极而泣。我脑袋里那颗异物被成功摘除，从此，再也不会被无休止的头痛折磨。手术后我极力配合医生的安排，身体恢复得也比较快，视力大致恢复到患病前的状态。

那天，我登上许久不上的校内贴吧，看到一则被管理员推荐置顶的热帖，发布者的ID是“寻找夏木木”，楼主说夏木木是一个在他身边默默陪伴许久的姑娘，她任劳任怨、心甘情愿地为他做着一些事情，随时准备为自己冲锋陷阵、粉身碎骨，他从没有想到会喜欢上这样一个外人看起来不高不瘦不漂亮的女孩子，但是，直到有一天她不见了，他才知道自己很想她。帖子最后一句是，“木木，我爱你。”

我泪如雨下，却还是选择退出网页，关上电脑。L先生，请原谅我不能回去找你，因为，在那场还算成功的手术里，我虽然保住了性命，但却因为手术中运动神经受损引起肌无力，可能一辈子都要坐在轮椅上。

L先生，我再也不是那个为了可以名正言顺地跟你在一起便飞蛾扑火不顾一切地奔向你，只为可以跟你比肩站在一起的姑娘。

L先生，有好多事情我还想跟你一起做，你还欠我一场不吵不闹的婚礼，我还要为你生儿育女亲手做羹汤，人这一生那么长，我要我古稀耄耋两鬓斑白的时候身边站的还是你，我们要携手看尽人生的朝朝暮暮、潮起潮落。

L先生，我爱你，这曾是被我隐匿了很久的心事。

但好在，我终于知道，原来，你也跟我有一样的心事。

这样，就足够了。

如果命运慷慨，我一定还是那个哪怕耗尽一生都在所不惜一定要走到你心里去的倔强丫头，但如今，原谅我只能匆忙转身。

岁岁琉璃

他说了很多很多，想必原本是要在周六等到我的时候开导我的话。我突然松了一口气，不仅因为他说的句句在理，更在于我终于知道他上次早来学校时的心不在焉是出于担心，守在我家楼下也是出于关切，而这个看上去“对我有意思”的小哥心里也只是把我当成“战友”罢了。

想来也对，很多的不顺都是因为内心对高考的恐惧才被放大的。

四方街有猫

原味觉醒

1

我叫林晓安，住在四方街，街尾有只皮毛油亮但右腿有块疤的黑猫，我叫它亮子，它对我爱理不理，倒是特别喜欢四方街上一个卖水果的男人，听隔壁老奶奶说，那男人救过那猫的命，猫是记德的，所以它一直待在四方街，看护着四方街。

老奶奶说，这是只好猫，它自己找窝吃食，不去麻烦那男人。

田冰邀我周日去旱冰场滑冰，我婉言拒绝，小妮子一脸阴笑，重色轻友！

我白了一眼田冰，满脑子都是八点档肥皂剧。

田冰，我的死党，漂亮、天真，写得一手风花雪月的文字。

周日是C中公休假，别的学校周日都会补课，逼近高二的进度。

天还没亮，我下了床，爸爸床铺上浅浅余温，我眷恋地坐在上面发呆，一个黑影从窗前掠过，“喵喵”，亮子从窗台上跳下来，不耐烦地挤挤我，好似我抢了它的地盘。

你这只懒猫，老奶奶还说你是只好猫，自己找窝吃食，她不知道你每天来我家蹭饭，厚脸皮地麻烦我爸爸——救你的男人。

亮子翘起油亮尾巴，踱着小碎步到它的专属饭盆旁，优雅地吃起来。

我穿好衣服，扒拉了几口饭准备出门，亮子还在矜持地吃着，我朝它屁股踢了一脚，有完没完，真以为是林黛玉转世?

亮子吓了一跳，甩了个小眼神给我，林晓安，亮子我……我……我去葬花。

2

四方街安静地沉睡，我骑着自行车循着微弱的光，街口男人正从三轮车里搬出一箱苹果，男人挥挥手，我扬起脸笑，消失在蒙蒙亮的薄雾中。

张姐递给我一套衣服，我诧异地看着她，她笑了笑，这比你发传单多几倍的钱了。

我穿上衣服站在拥挤的步行街，随着音乐扭动身体，有路人经过，好奇地打量我，我会热情过头地跑过去拥抱他们，引起一阵尖叫。

密不透风的喜羊羊玩偶套装，夹杂着不知道多少人曾流过的汗水，发酵后，带着点儿酸酸的味道。

当田冰和顾洛草站在我面前时，我在想是该往前还是退后，少女特有的烂漫天真，印在顾洛草宠溺的眼眸里，没有不合时宜，竟有那么一丝丝，和谐。

哦不，惊恐，忽然田冰脸贴着我的喜洋洋头套眼眶，对视的一秒，她眼中蹦出一种让我害怕的兴奋。

直到他们背影远去，我才吐出一口气，田冰刚要扒开头套，顾洛草一把拉住了她，田冰吐吐舌头，看着十指重叠的手，脸微微红了。

我脱下玩偶套装，把被汗水凝成一团的刘海分开。

如果可以，我也想穿着洁白的百褶裙，留着过肩的长发，眼里没有微凉而是漾着天真如她的笑，对着你脸红。

那年，我刚上初三，穿得皱皱巴巴的到市区找兼职，人们都以我未成年为由拒绝，我看着快黑的天准备走，一个女人叫住了我。她就是张姐。

3

回到四方街，爸爸正手忙脚乱地握着秤杆，我拾起塑料袋，买水果的阿姨接过，晓安可惹人喜欢嘞。

爸爸是四方街唯一卖水果的商贩，大家不嫌爸爸手脚慢，总乐意到爸爸那儿买，实惠又好吃。

我捣拾着自创的水果沙拉，其实就是烂了一小部分的各类水果，切成小丁伴着蜂蜜，连隔壁老奶奶都说好吃。

晓安，老师布置的任务完成了没。爸爸嚼着饭粒含糊不清。

完成了，下次会有其他任务。如果爸爸知道我骗他，老师没有布置任务去兼职体验生活，他会不会气得不给我和亮子饭吃。

晓安，我偷偷去看过你，你在发红色的硬纸，我还给你买了一瓶红茶。

那我怎么没看见你。

我放了就走了，别人看见晓安的“土爸爸”会笑晓安的咧。爸爸不好意思地低着头，口水流到了桌沿上。

我递过纸巾给爸爸，谁笑我爸爸，我就去揍他。爸爸憨憨地笑，我却怎么也笑不起来。

那次发完传单，我拿起包发现多了一瓶水，同行的人忙跑过来问我，少东西没？他们说，有个傻子要偷你东西，我们用东西砸他，他还笑。

其实，我的包里什么也没有，只是多了一瓶水。

其实，那天爸爸回家，我看见他脸上有块瘀青，他只说，不小心摔倒了。

其实，爸爸是个脑部有残疾的人。

听人说，爸爸小时候是很聪明的，不过害了一场病，奶奶给爸爸瞎吃药，高烧不退，送进医院捡回一条命，却伤了脑子。

小时候我爱哭，觉得爸爸保护不了我，弄堂里总有小孩儿跟在我后面，晓安晓安，没了老爸又没妈。

有一次爸爸听到了，撒开长腿追了他们几条街，小孩子被吓得哇哇大哭。

爸爸被几个大人推搡着，我在墙角藏着，他对我笑，晓安是有爸爸的。

4

高二了，你们这么懒散，怎么考大学。班主任碎碎念，为了发扬班集体精神，实行帮带任务，单科成绩好的辅导偏科的同学。

其实，顾洛草并不能算彻头彻尾的差生，他偏科偏得像半身不遂一样，这是他自己的话，他说给我听的时候，我笑得上气不接下气。

班主任给我分配了顾洛草这个棘手的任务，他还打着物理届新星的旗号，扬言要把我的物理回炉重造过。

我们约好周日下午见面。

周日上午，我在奶茶店冲冷饮，忙到下午两点，我匆匆赶到学校，顾洛草仰着头张着嘴呼呼大睡，我刚想笑，却看到了他身后眉眼如花的田冰。

田冰给我一个熊抱，你要负责我的化学哦。

后来我想，我怎么忽略了，一直默默在我身边的你，化学其实是最好的。原来我也是天真的，不然连你情急之下编出来的蹩脚谎话，我都没有发现。

天快黑了，隐约一个白影跟在我身后，转角处我看见了田冰，她摸摸我的自行车后座，可以载我吗？

她很轻，没用多大力车轮飞快地旋转起来，夏日的微风吹开了她的裙摆，她忙用手按住。我笑，春光乍泄啊。

田冰羞得撒开了环住我腰的手，差点儿摔下去。

我急忙道歉，田冰抱住我的腰，咯咯地笑起来。

她伸手握住我脖子上那个像路边摊才有的项链，真好看。

5

亮子一反常态地绕着我的腿嗅，我挥开它，要报仇直说，不要拐弯抹角的，很惊悚呀，你这只猫。

爸爸卸下扁担，晓安呐，东边李叔家要了两箱苹果咧，我们要变富翁了，哈哈。

高二的学习越来越紧张，本来随意的周日下午帮带活动竟然得到全年级的响应。

顾洛草的英语及格了，田冰上课还得到化学老师的表扬，我呢，进了年级前三。

林晓安，不犒劳犒劳顾师父？顾洛草痞子似的横在路中间。

我答应了，不过有个小小的要求。

坐在后座上，我张开双手，指尖触摸风的力量，狭小的空间里，我们肆意着、张狂着青春，而路的尽头会有一个叫作“家”的名词，我终于知道田冰为什么会笑得那么开心了。

逆着光，我看见他明朗的笑，不断地扩大，侵占了夜的一隅。

自行车进入四方街，我指指爸爸的水果摊，顾洛草会意掏出钱挑选水果，我拿过水果过了秤。

爸爸以为是新顾客，又塞了一个大橙子给顾洛草，弄得顾洛草不知所措。

我扔了一瓣橘子在嘴里，来而不往，非礼也，给你，你就拿着。

爸爸笑着附和，拿着，拿着。

我麻利地收拾着水果摊，顾洛草似懂非懂地帮起了忙，等到我和爸爸并排站在厨房里做饭时，他那个惊雷一般的觉悟啊，差点儿把我家桌子弄翻了。

爸爸忧愁地看着我，掐断了一根葱，闺女，这娃不靠谱啊。

我笑得岔气，爸爸，他是我同学，这次我考第三名，都是他的功劳。爸爸看着我，好像很满意，有种多年媳妇熬成婆的错觉。

我呈上拿手好菜，川味回锅肉，干煸豆角，一个青菜汤，还有一份用顾洛草买的水果做的水果沙拉。

顾洛草忘了指责我的一毛不拔，埋头苦吃。

爸爸看了看顾洛草，又看看新闻联播，感叹道，现在真的已经奔小康了吗？

吃饭皇帝大，顾洛草又跑去舀了一碗饭。

我把顾洛草送到街口，如果当时我多留意一下，一定会看见阴暗角落里一个瑟瑟发抖的瘦小身影。

6

第二天上学，校门口好多人围着布告栏，我走进教室，谈话声变成蚊子叫。

林晓安，来一趟办公室。

林晓安怎么去做那种事呀。迈出教室的那一秒，出现了无数这样的对话。

林晓安，家里有困难可以给老师说，学校看你成绩优秀也不打算追究了，不要误了自己，知道吗？班主任沉沉地说。

我张了张嘴，终究没有说话。

我想起了一个故事，孔子甚为赏识“一箪食，一瓢饮”的颜回，有一次，孔子师徒历行诸国，众人被困七日不得食，偶得一石米，孔子命颜回煮粥，子贡碰巧看见颜回在众人睡着的时候，从锅里抓了一把吃，于是跑去告诉孔子。孔子想，以德行著称的颜回，怎么会做这种事，于是假意要用粥祭祀祖先，颜回听到急忙制止，说吃过的粥不能用来祭祖，原来颜回煮粥时，热气散到了屋顶，一小块黑色尘土掉到粥里，颜回觉得扔掉可惜就吃了它。

孔子告诫弟子，眼见不一定为实。但我觉得，孔子不愿伤了彼此的信任，没有直接问颜回是否偷喝了粥，而是侧面导出真相，这才是故事的点睛之笔。

连老师也不信我呢，每个人都披了一张华美的画皮，面皮下的心是纯洁的还是丑陋的，谁也说不清。

我走向布告栏，打印纸上印着照片，一个面容俏丽的女孩儿坐在KTV门口，另一张则是女孩儿伸手接过一个男人递来的钱。

都能编杂志了，只是发传单累了在那门口坐了一下，收工资天经地义，好不？我用力扯下打印纸，这男的长得也够猥琐，难怪别人会想偏。

风吹过，脸上凉凉的，我以为林晓安是不会哭的，其实我们都没有想象中的那么强大。

我走到停车处，保安大叔追了过来，同学，早退要假条。

生理痛不行呀？我不时飞溅几滴眼泪，吓坏了正对着我的大叔。

生理痛还能骑自行车？顾洛草追上来。

那天我们逃了一天的课，骑着自行车无所谓地兜兜转转，我像个小太妹一样在后座上，大吼大叫，顾洛草更无耻，中途还抢了一个小孩儿的棉花糖，00后的小孩儿很有爱，愣是追了我们一条街。

重叠的笑声被急速的风吹散，我侧过脸，投影在地上的影子一点点偏离了轨道。

7

顾洛草，我带你去看亮子，它可贼了。

亮子？

对呀，一只猫。

在哪儿呢？

对呀，在哪儿呢，我问过好多人，他们都没看见过，连爸爸也不知道。

我知道。忽然，顾洛草的脸裂开了缝，变得狰狞起来。

我惊恐地退后，不要，不要说。

它就是你，是你。亮子舔舔森牙，重重地扑向我，我猛地一推，被子掉到了地上，原来是一场梦。

过往像墨滴沉入水底，哦，那不是沉，水分子冲击墨色颗粒扩散到水底，淡淡痕迹，只是生活重了一个色度。

布告栏事件后，大家开始孤立我，上厕所的时候还有“就是她呀，别去那个坑”的善意忠告，在这个花一样的青春期，成长的不仅仅是身体，还有敏感的神经，大家争先恐后地编纂着，仿佛沉闷的生活也跟着充实了。

我带着田冰去了我家，田冰局促地站在一边，叔叔好。

爸爸笑眯眯地看着田冰，长得真好，叔叔给你们做好吃的。

田冰暖暖地笑了，落日残留的光线，在她脸上镀了水墨画的晕迹，那一刻，我觉得这是我看过的最纯净的笑。

爸爸在厨房做着饭，田冰不时往厨房看去，爸爸佝偻的身子随着锅碗蹦蹦跳跳。

田冰，你看，我爸爸好像老了呢。

田冰转过身，我没有看见她眼角滑下的泪。

8

时间的齿轮不停地走着，四方街迎来了好日子，这片地被市规划署看中，大家可以得到一笔不菲的搬迁费。

喏，四方街要被拆了。

那怎么办呢？田冰嘴角闪过一个若有似无的笑，我可能看错了。

不知道，可能会搬走吧。

四方街里闹腾腾的，我穿过拥挤的人群，那里停着一辆小轿车，车轮下压着一个苹果，真可惜。

当我看见车前石墩上爸爸血淋淋的脸时，我听见左心房微微撕裂的声音。

车灯上还有一点儿血迹，王婶她们在包扎着爸爸的伤口，我拿起脚边的一个铁棒子，“啪”的一声敲碎了轿车的玻璃。

那时的我一定很可怕，回家后照镜子，我还能看见眼睛里充血的眼白。

王婶说，真是太可怕了，大家不愿搬走，你爸爸把石墩抱过去挡着，他们竟然真敢开过去。

记得很小的时候，爸爸倒腾起卫生纸生意，那天，爸爸的卫生纸全被淋成了纸浆，旁边的生意人都跑到楼上找泼水的人赔偿去了，爸爸就蹲在地上一点一点地捡起碎纸，楼上人冲下来不但不给道歉，还劈头盖脸地骂他，说他眼睛瞎了不会看地儿，周围人都看不惯，但是也没人出来说话。

对呀，那些人都太可怕了，我从角落里冲出来，像一只发了疯的老母鸡，我死命地咬住那人的腿，直到舌尖传来腥甜。

从那天他说“晓安是有爸爸的”开始，我知道我会用尽生命去保护他。

别人帮你的时候，你要学会感恩，别人冷眼旁观时，你也要接受，因为别人没有义务对你施恩，你要做的就是，学会变得强大。

从那天开始，不爱说话的我强迫着变成开朗活泼的晓安，争着做邻居不愿做的脏活，别的小孩儿还在撒欢的年纪，我就学着自己出去挣钱，虽然不多，但是我知道那一天不会太远。

派出所暂时平息了搬迁问题，爸爸在医院住了两天就吵着回家，平时温顺的他怒不可遏地吼着护士，回家后，爸爸一直呆呆地坐在藤椅上，望着四方街勾勒的四四方方的天。

我坐在被月光照亮的床上，听着屋外断断续续的叹气，我抓过撒开爪子准备逃开的亮子，搂着它，你会不会离开四方街？

爸爸为了给我开家长会，翻出几年没有穿过的西服，郑重地花了五块钱在对街李二家理了个头发。开完家长会后，爸爸又变得笑眯眯的，看来被班主任表扬了，那些夜晚的叹息仿佛从来没有出现过。

那晚，爸爸说，我们搬走吧，这样就有好多钱了。

9

我叫顾洛草。接到林晓安的电话，我不是不惊讶的，素来冷静的她，无助地哀求着，顾洛草，帮帮我。我爸爸不见了，我把他给丢了。

找到林晓安的时候，她眼睛红红的像兔子，我陪她在四方街周围找了好几圈，她说她爸爸十几年来从来没有离开过四方街。

我不知道事情会来得这么快，此时，我不知道我保守的所谓秘密，是对的还是错的。那天家长会，林爸拉我到学校小树林里，如果我理解的父亲的爱是伟岸的，彼时林晓安爸爸给我的感觉是卑微的，像绵长沙滩上的沙粒，微小，但惊涛拍岸时，却能固守一方土地。

我没想到开场白是这样，他说，你能喜欢林晓安吗？

他怕我会反悔似的，用掌心厚茧的手握住我的肩膀，我不在了，她找不到我，晓安会哭的。我接过他手里的病历单，没有说话。

后来我才知道，他说的喜欢，是像亲人一样。

林晓安蹲在街口的石凳上，第一次见她，还是烈阳夏日，我从爸爸办公室向外望去，一个单薄的女孩儿抱着一沓宣传单，奔跑在步行道上；高一升学典礼时，她在礼台上代表高一新生发言，微微晒黑的脸反倒衬出不可磨灭的骄傲；那次我拉走田冰，我怕她的骄傲会被我们的不小心给踩碎。

我从小卖部买来两瓶水，意料之外，我看到田冰站在旁边，眼里盛满浓得化不开的悲伤。

后来田冰告诉我，林晓安打了她一巴掌。

我张着嘴想象着当时的血雨刀锋，田冰又说了一句话，把我的想象推向了高潮。

她说，她打得好。

田冰蹲下来，我看见她指缝中流下的泪水，顾洛草，你会不会讨厌我，我不知道她会用我的U盘拷资料，我真的想收手的，彻底的。

田冰拿起手机拨了110，我粗暴地打断她。

她眸里迸出一团火，顾洛草，如果他真这样死了，没有人会原谅你的。

十一月的天气在这座南方小镇拉开了寒凉的序幕，当我们找到林爸的时候，他在四方街不远处的一座废桥下蜷着，警察做完笔录，林爸嘟囔一句，怎么走不远呢。

林晓安再没忍住，不停地啜泣，我会去考第一，我会去挣钱，可你不能不要我呀。

林爸愣了愣，伸手捏住林晓安的衣角，竟像个孩子般号啕大哭。

我想，也许这就是最美好的结局。

10

我叫田冰，爸妈很疼我，会给我好多钱，可他们总不在家，每当害怕时我会拿出一个看似廉价的项链，贴着心脏。

当我长到能随便出去玩的年纪，我常去一个地方，那有一个男人和一个小女孩儿。

第一次见林晓安，不是在高一的教室里，而是在四方街。

听唠嗑的老奶奶说，那男人是个傻子，后来寻了个水果摊的生意，有人要把四方街中心的店铺租给他，他也不要，宁愿在没有遮挡的露天街口守着。

其实，老奶奶说的那个傻子是我的爸爸，亲爸爸。

那年我四岁，爸爸把我带到四方街，他说这里会是我们的新家，四方街好长好长，爸爸要我待在街口。

爸爸走了就再也没回来，我在那里等了整整三天。

四岁的记忆是模糊的，一对夫妇从收留所带走了我，四方街的轮廓却深深地烙在记忆里。

十二岁，我再一次看见爸爸，心里少了怨恨，我听到他叫她林晓安。

没错，我是林晓安，不是田冰。

十六岁，我成了林晓安的同学。她以第一名考入C中，孤傲的她除了学习其他什么都不关心，有人说她是书呆子，我一把抓起那人的头发，那人鬼哭狼嚎，我说，如果她是书呆子，那你连傻子都不如。

我忘不了当时林晓安给我的那个不算倾城的笑，即便是我被记了过；即便是大家认为我蛇蝎而生疏我；即便是林晓安抱着我说，你又是何必呢，我都快习惯了；即便是后来，林晓安看到我U盘里的照片，因生气而颤抖的手掌重重摔向我的那一刻，我都还记得。

是真心吧，可我们都是丢了刺的刺猬。

我精心策划，就连做她的朋友，我要在最靠近她的那一刻，用我仅剩的刺狠狠扎向她，可我没想到她认定了我的好后，甚至愿意裸露全身，就连我伤害她，她也没有推开我们黏连着血肉的刺。

那天，我坐在林晓安自行车后座上，我真的好开心，因为尽头是她的家，我看见她脖子上的项链，和我的一模一样。

她还带我去了四方街，吃水果沙拉，吃爸爸做的菜，我看着厨房里的背影哭了，什么时候你已不再年轻。

那次我差点儿揭穿了她扮卡通人的糗事，顾洛草不会喜欢这么卑微的她，我让人恶搞她做兼职的照片，她被孤立了，我要把她变成过街老鼠。

可是，我怎么变得脏了。

我不愿他们在我痛苦记忆的四方街快乐生活，搬迁过程中我让爸插了一脚。

可是，我没有想到会伤了他，我的爸爸，从来不让我受伤的爸爸会满脸鲜血地躺在地上，我整夜地做噩梦，他说，晓安，我在等你。

11

那天我躲在树林里，他居然要顾洛草喜欢林晓安，真没羞，我差点儿跳出去，顾洛草拿起一张纸，有个“癌”字，我看见，命运又开了一个玩笑。

他要顾洛草守住这个秘密。

爸爸说四方街的人都同意了搬迁，我仿佛看见四方街他皱纹里的笑，有了这些钱，晓安有保障了，我就可以安心走了。

当我打算把这些告诉爸爸时，我迟疑了，真可笑，我竟然怕爸爸会说我是傻子的孩子而抛弃我。

我收到林晓安的短信，她说他不见了。没想到她还把我当朋友。

离开家的时候，爸妈沉默着，自那天我把真相说出来后，他们就是这样。我赶到四方街，站在街边看到林晓安，她蹲在石凳上，像极了当年的我，我以第三者的角度看，原来这个动作可以这么疼的。

找到林爸时，林晓安根本不敢走过去，原来，亲情可以这么沉重。

我走过去牵起他的小手指，我哭了，他说，原来的晓安也爱这样牵的。

原来的晓安只存在记忆里，也许这才是永恒。

我离开了他们，回到了家，我要爸爸救救林爸，爸爸仿佛老了十岁，我拿到了医院的具体病历，上帝真的很爱打喷嚏，原来，护士拿错了病历，林爸的名字叫林戍，而病历上是林戌。

妈妈说，冰冰，你不要我们了吗？对不起，我们会常陪你。

我才反应过来，爸妈的沉默是怕我会离开，爸爸刚毅的眼里渗着薄雾，我鼻子一酸，拉起他们的手，我要和你们在一起，一辈子，别想甩掉我。

我们都过得很好，十几年的流年支起了一个平衡点，就让这场迷失和相遇，变成一个不能说的秘密吧。

12

四方街是没猫的，更没有一只叫亮子的猫。

又或许，我就是那只猫。

我知道爸爸不是我的亲爸爸，我右腿上有个大大的疤痕，隔壁老奶奶说，我是被烧伤的，成了孤儿，那场大火把七家人的房子都烧了，就在四方街不远的小镇上，当时火势很大，所有人都不敢靠近，一个男人冲了进去，很久没有出来，直到消防人员在浓烟中把熏成煤球的我和男人抬出来，男人昏迷了，待在重症监护室里。

他醒来，不顾一切地跑出去，市医院离火灾现场很远，他找不到路，满脸乌黑焦黄的他也没人敢载他，护士们又把他拽了回去。

几天后，当他终于来到四方街的街口，他像丢掉了心爱洋娃娃的孩子一样坐在地上抹着眼泪，他的手很大，我握住他的小手指。

当时我的头发都烧没了，脸也像他一样，腿上缠着绷带，他为难地辨认着我，吸了一下鼻涕，晓安，我差点儿把你丢了。

他买了一个项链，他说，这和以前的那个是一样的。

老奶奶说我是记德的，从不麻烦人，还自己出去打工挣钱，她说我会守护着四方街。

所以，我不在乎成了一个替身。

这些话随着老奶奶的离世，渐渐被遗忘，我厌倦了，后来我差点儿真的以为我就是爸爸的林晓安，我怕我会让真正的林晓安找不到家，于是杜撰了一个叫亮子的猫，有点儿傲慢、欠扁，像我一样，我愿以一只猫的姿态守护着男人。

我告诉爸爸，还有个晓安在找他，所以我们一定不能离开四方街。

四方街被保留下来了，或许老奶奶说的对，林晓安真的是能守护四方街的。

其实，我是不怪田冰的，不然当我彷徨时，不会第一个想到的就是她，她永远是那个会为我出头的朋友、姐姐、妹妹或是上帝，甚至是一滴雨。

田冰，当你最靠近我的时候，你已经输了，因为我已经触摸到你柔软的心，还有你的秘密，嘘，不要问我为什么知道，我和爸爸会在四方街等你，一起聊未来的事。

2013年12月，四方街有猫。

土鳖的十二封情书

月下婵娟

狗尾巴草般的自尊被轻轻折断

她有一个土得掉渣的名字，刘爱红，四十多岁的中年妇女，五大三粗，晒得黑红的脸上过早地出现了皱纹。我新学校的同学在第一次看见她时曾经闹出过这样的乌龙，“罗兰，你奶奶身体真是好，这么大老远地送你来学校报到……”本是开着玩笑的女生听见我小声地纠正“这是我妈”时张大了嘴巴。

“我叫艾丽，你是罗兰吧，新生名单上有你的名字，我们寝室六个人，就你最迟来报到了。”震惊中的女孩子调整出一个笑容，“罗兰，你手机号是多少？我存一下，以后大家好方便联系。”同寝室的女孩子纷纷掏出手机交换号码。

“这个。”我望着艾丽期待的笑脸有些嗫嚅，“我、我没有手机……”

我不知道离开家乡那崇山峻岭的偏僻小镇到这繁华的城市里来读书会面临这么多的尴尬。刘爱红拉了我的手出去，叮嘱我：“在这里好好学习，别担心你爸，我先回去了。”她这样说着，便转身大踏步走了。

女生们总是喜欢八卦，她们以为我已经走远了，不知道是谁夸张地在寝室里学着我的语气说话，“我，我没有手机……真是土鳖啊！”嘻嘻哈哈的笑声肆无忌惮。

永远不能指望刘爱红会对我说一些什么体贴关心的话，她不会叮嘱我照顾好自己，要我在外面万事小心舍得花钱不要被同学看不起。她天生性格粗犷，拿自己女儿当男孩子。

看着她在城市八月的太阳下一步步穿过操场，留在地上灰扑扑的影子与熙攘人群如此格格不入，我望着，不知怎么委屈得泪湿了眼眶。

我在台下替你鼓掌

新学校，新的同学，全新的生活让我抱有许多期待，想着从此脱离刘爱红的“监视”可以过自己自由自在的生活令我一扫沮丧。

艾丽是个极其漂亮的女孩子，大眼睛，长睫毛，鼻子高而秀挺，笑起来总是露出糯米般的雪白细牙。忽略她有钱家庭出身的孩子身上那种隐隐的娇气我觉得还是很好相处的。

艾丽美名远扬、风头大盛被封为S大的校花“爱丽丝”却是在开学不久之后的一次文艺会演上。掌声如雷里我看见艾丽花一般地在舞台上绽放，不知怎么想起刘爱红，想起八岁那年的六一儿童节，被老师装扮成公主的自己，正准备上台表演，却被刘爱红硬生生地拽下来。回去的路上任我一路号啕，沉默的刘爱红始终一声不吭，到家后她将我藏在衣柜里的书本扔出来，劈头盖脸地责骂：“你的任务就是学习！你的目标就是考上好的大学！其他的什么事你想都不要想！”那个彪悍的刘爱红，彼时尚是小镇上一个三十多岁的下岗女工，老爸的病看了多年总是不见好，我想，她是把对生活的所有怨气一股脑儿发泄在了我身上。

依稀记得那时的刘爱红还是美丽的，舞蹈老师说：“罗兰你长得还是像你妈妈，你看看这个眉眼，多俊秀水灵。”

在给艾丽拼命鼓掌的时候我抚上自己眉目，我才没有长得像刘爱红呢，那个把我逼成学习机器的女人，她的面目早已在艰辛岁月中越来越模糊。

艾丽的手机响起来时她的节目还没有演完，我看看台上的她，再看看响个不停的手机，从后门退出去。

“喂？”

手机屏幕上那个叫何浩然的男孩清朗的声音传过来：“艾丽。”

“今天我还有些事，可能来不了了，你的表演我下次一定来捧场。”

“我不是艾丽，我是她的同学，她现在正在表演节目，接不了电话。”

“哦。啊。好。”

“你要我帮你转达吗？我会帮你将掌声拍得更加响亮。”

对方笑了，少年爽朗的笑声传进我的耳朵里。“那好。谢谢你。同学你真有趣。”

“承蒙夸奖，像艾丽这样的女孩子，理所应当有人站在台下专门为她鼓掌。”不知道是那晚校礼堂热烈的气氛，还是这男孩子清浅温柔的口吻，我调皮地回了他一句，然后挂断了电话。

大获成功的艾丽笑着跑下台来，我告诉她刚刚的那通电话，艾丽兴奋得满脸发光。

人生鲁莽的初见

喜讯在周末传来，我们寝室五个女孩儿表演的节目在会演中获了奖，大家嚷嚷着要出去聚餐。艾丽抢过我手中正在看的书，“罗兰，松懈一会儿不会妨碍你学霸的英名的。肯德基现在推出特惠套餐呢。”

“你们出去玩好了，我还要将这段补完。”我笑着从艾丽手里拿回书。

“哎呀走吧走吧，爱丽丝你还磨蹭什么，都快赶不上车了……”

楼道里传来女孩子们嘻哈打闹的声音，“那么土鳖，她知道什么是肯德基吗？”

我把这样的挖苦当作善意的调侃，我要如何才能对同龄的她们说，肯德基套餐哪怕只要五元我也囊中羞涩呢，我没有挥霍的资本。

宿管阿姨通知说楼下有人找时我分外诧异，而如果当时，我知道这是我与某人的初次见面，我一定不会这么鲁莽地顶着一头乱发趿拉着小熊拖鞋去见他。

安静的校园亮起了暖黄的灯，A栋的女生宿舍楼下有一棵茂盛的花树，正是木樨盛放的时节，浓郁甜蜜的花香在空气中流淌，我疑惑地探出头。

“罗兰同学是吧，1分46秒，你身体素质真好，四层楼跑下来气都不喘一口。”那时他自葱茏花影中走出来，洁白衣衫，剑眉星目，笑容灿烂地对我说：“何浩然。我们这不是第一次讲话，一回生二回熟，我们应该是朋友。”

我已然在一瞬间明白艾丽在表演当日期待他来的心情，这样优秀出色的少年，谁不希望在他面前展现最美的自己。

我不明白自己为什么突然有些结巴：“那个、何浩然，艾丽今天不在宿舍，她们出去吃饭了，要不，要不你打她电话问问……”

我觉得灯光明亮，他含笑看我的目光让我无所适从。我低头，然后看见自己趿拉着小熊拖鞋的脚丫子露出来。窘迫让我无地自容，更残酷的是，灯下阴影勾画出我的身形，脑袋上橡皮筋绑着的丸子头此刻参差披散简直如魔似幻。我沮丧而惆怅，这真是一个糟糕的见面啊。

“我知道啊，我要找的人是你，又不是艾丽。”少年微笑。

我目瞪口呆。

“罗兰同学，我来找你，是想让你帮我一个忙呢。”

也许是自小刘爱红对我的学习管得严格，又或者是她省吃俭用给我买的各种作文书起了作用，总之我一路苦读上来语文成绩真是出类拔萃，毫不含糊地说炮制几篇小情书和撰写几篇作文真是手到擒来。

“罗兰同学，只要你按照要求写了，我们是有报酬的。”

我低头沉思，好像自小熊拖鞋上看到了滚滚而来的粉红色钞票。虽然有些困难，但想着这也算是练笔，并不违背刘爱红好好学习的宗旨。我异常豪爽地点了点头，只是无论如何不敢把“你这么优秀艾丽也不接受你的追求吗”这句话问出口。

“那个，如果你还有时间的话，介不介意做份家教？”对面男生探过头来问得异常诚恳。

乍听他的问询我还有些恍惚，看到眼前他低下来的青青眉目，我鸡啄米般地猛点头。“不介意。当然不介意了。时间很多啊，周末都没哪里能够去。”

你笑看天边浮云悠悠多温柔

周末，当校园的绿荫道上何浩然一辆单车以横冲直撞的速度直奔我杀过来时我几乎惊呆了。

“干吗？”彼时我兑换到一篇作文拿一百元的酬劳，小小地犒赏了一把自己，正举着一根超大的棒棒糖。

“上车啊同学，这么快就忘了你的兼职家教？”阳光下的他看着我的吃相表现得不可思议。

城市干净的马路，两边鳞次栉比的建筑，树上香樟的叶子，天空呼啦啦飞过的鸽群，天蓝得极其清澈，秋风飒爽，有怡人的桂花香。

男生偏过头笑我：“棒棒糖很好吃？这么大的女孩子，羞也不羞。”

为了表示抗议和愤怒我故意将口中棒棒糖咬得嘎嘣响。

“味道好像很不错的样子，来分一根给我吃。”

“才不。刚刚谁说我幼稚啊羞也不羞。”

“忘恩负义啊同学，你刚刚赚到我一百元钱，现在连两元一根的棒棒糖也舍不得施舍我。”少年哀号，然后泄气似的蹬不动车子。

我将手指掐到他背上："快点儿快点儿，迟到了主顾扣钱了看你怎么赔我。"

那日秋光澄澈，天边有浮云悠悠，剥开一块糖纸将手中棒棒糖塞入少年嘴中的女生一定不曾发觉，少年脸上的笑意多么温柔。

土鳖的惆怅

我此生从未踏入过这样豪华的高档小区，跟着何浩然，那飞扬的心情一点一点地沉下去，踩到羊毛地毯时不知为何拘谨，手心里满满都是汗意。

辅导一个八岁男孩儿的语文并不是什么难事，艰难的是我的心，在超大超豪华的书房里那凄惶地无处着落的心情。

主人家保姆对我十分客气，小男孩儿像是被叮嘱过，我教什么都认真记下来。

两个小时之后我出来，坐在外间客厅沙发上的何浩然玩着手游，看到我招一招手："罗兰我们走。"

我的包里放着两千块钱，我从未拥有过的一笔巨款。这样的富裕让我不知所措，女主人递给我的时候很和蔼，说下星期天再来，薪水提前发给你。

坐在何浩然单车上回学校时我一路如同梦游，他第三遍问我"罗兰我们要不要吃些东西再回去"的时候我才惊醒。

我是个财迷，如此小气，只肯请他吃一碗牛肉面。辣到不行时咕噜噜喝水，面前的少年，低眉含笑，手中餐巾纸擦过我唇瓣上的辣椒，灯光下笑意温柔。

我脑子再笨也知道天底下无这等好事，但双手摸到包包中真切的钞票，"何浩然，你为什么要帮我呢？一个月两千块，这样普通的我，主人家不知道吃了多大的亏。"

辣得满头大汗的何浩然笑看着我："罗兰，这世上每个人都有自己独一无二的好，我们不应该妄自菲薄。我想，以小县城文科第一的成绩考进S大的女生，她没有理由不为自己骄傲。”

这少年多么体贴，我不知道他已察觉到我有多少自卑，但坦荡诚恳如他这般委婉地说出来，让我的心在循循规劝中几欲破碎。

那日回到校园时，天光尚早，我俯在楼廊上看何浩然离去的背影，手中答应要替别人写的情书蓦然已有雏形。提笔下言时，不知道为什么都是何浩然的面目身影。

情书写完时在末尾添上无限蕴藉的“浩然”两个字，捧在胸口想，是什么样的女孩儿能够得到他这样的青睐。抬头看见艾丽拎着大包小包的袋子回来，艾丽的父母在本市经商，雄厚的经济实力让她可以享受丰富的物质生活。终究我低下头，将代写的情书折叠封口，也许他们一出生就拥有的东西我一辈子也无能为力，这样想着，这天堑般的距离着实让我惆怅。

你的爱如雷达，分秒都将我监控

我不知道是不是我寄回家的两千块钱让刘爱红火烧眉毛般地赶到了学校。下课后回到寝室，守在门口的刘爱红一把拖着我往楼下走。

“你干什么？妈你到底是有什么事，说清楚再走好不好？”

将我拉到僻静处的刘爱红上上下下地打量我，一双因为晕车和担心显得无比疲累的眼睛看定我：“兰兰，有什么事你不能跟妈说吗，要这样瞒着我？”

“说什么？”她的疑神疑鬼让我莫名其妙。我想即便我与她远隔着千万里，她的心还是如雷达般时刻侦查着我。

“这些钱哪里来的？这么多，谁给你的？”

“我挣的不行吗，你为什么要这么紧张。”

“兰兰，我和你爸没什么本事，没能给你好的生活，但我们一直是本分的好人家……”

“够了！妈，你在胡说什么啊！”我实在难以抑制内心的愤怒，对她十几年来一直积蓄在心里的怒气喷薄而出。

“小时候我说要去学艺术，你说没前途。念书的时候你把我当机器，除了读书就是读书，我的日记你也要翻开来检查。来学校报到我说不用你送你偏要来，很让我难堪你知道吗？这里不是乡下，我也不是小孩子了，再说，那两千块钱是我寄回去给爸看病的又没说是给你的，轮不到你来教训我！”

我一口气吼完，看她的身体摇摇欲坠，突然不知道自己做了什么，想要伸手去扶住她，但那倔强的自尊心迫使我硬生生地站住。眼泪纷乱地滑过我的脸，我突然成了八岁那年的小孩子，在被母亲拽回家的路上软弱号啕。

一样东西被她从布包里掏出来递到我面前，是一部崭新的手机。“今年的玉米收成不错，我和你爸商量，给你买了部手机……你试试看，跟你那些同学比是不是一样……”

她像是怕被我的同学看到，急忙放在桌上，然后推门出去，很快就消失在校园里。

我不知道要怎么去将她追回来，我的刘爱红。

十二封信，献给爱丽丝

我给何浩然打电话时只“喂”了一声他就醒悟过来是我。“罗兰，怎么了？”就是这样清浅温柔的声音，令我在第一次听见的时候就心生遐想。我刻意地告诉自己不去知道他的身世，刻意地忽略我们之间的距离。以为这样，我便可以在他的单车后裙裾飞扬，可以和他在路边摊上共一盏小灯温柔絮语。

我见到过从宝马车上下来的艾丽，路灯下，娴熟打着方向盘的男子西装革履，光影流转，晃过他的剑眉星目，对着下车的艾丽微微一笑，那是一身贵气的何浩然。

因为不敢去测量两个人之间的深浅距离，果然我是懦夫，活该自欺欺人被当个土鳖耍弄这么久。

咖啡厅里光影摇曳，角落旁有洁白颈项高贵盘发的女孩儿在弹奏琴曲，乐声叮咚，不知道是不是《献给爱丽丝》。

我轻轻推过去手上十二封信笺，整齐地码好，想着从此后，大概也不会再替人写一封情书。眉目端正的何浩然掏出皮夹来，笑盈盈对我说："罗兰你这样挣钱真是让我都嫉妒。"十二张粉红色的钞票递过来，"我们这是银货两讫，中文系大才女。"

"何公子真是说笑了，是罗兰有眼无珠不识得华风集团的何公子。"我推开椅子站起身，"何公子想要什么样的女朋友没有，一百块买我一封情书，真是高看我了。"

等你长成美丽自信玫瑰花

"你从没有问过我我是谁，不是我没有告诉你。你又骄傲又自卑，像长满尖刺的玫瑰。我喜欢用单车载着你满校园的跑，喜欢用单车载着你去用你的实力挣两千块，这又有什么不对？"身后的少年追上来，夜风中语声温柔。

"我是谁的儿子并不重要，就跟你的家乡是在哪个穷乡僻壤一样不重要。还是说，你认为我是华风集团的少公子就不肯再承认喜欢我？"

这人脸皮厚如城墙简直厚颜无耻。

"喂！"我跳起来猛地推他一把。"我什么时候说过喜欢你？"嚷得那么大声，以为理直气壮，不想眼泪管不住地往下淌。

是。我可耻地向自己投降。我喜欢眼前的这个人，从一开始见面从一开始听见就喜欢。

我不要让他看见我这副软弱的样子，所以很没出息地在眼泪落下来之前逃跑。

气喘吁吁终于在街角追上我的人扶着路边灯柱："我知道，罗兰，上下四楼1分46秒不带脸红的你肺活量是真的好，但是，虐待男朋友不至于要这么干吧。"

何公子养尊处优，跑过长街体力透支精神开始癫狂，我只当他说胡话不正常。

我转身，站定，看进这无赖的眼里。"公主和王子的爱情故事非常浪漫，灰姑娘一直在台下卖力地鼓掌。只是现在敢问王子这闹剧是否可以落下帷幕了？"

"罗兰，你不会以为我喜欢的人是艾丽吧？"何浩然瞪大了一双无辜的桃花眼。

"我以为？呵呵！我要是还看不出来这个铁的事实我真是土鳖脑残。"

"果然学文的脑子和我们学理的脑子构造不同，罗兰你真是让我大开眼界。"

我想抬腿踹他一脚，他已经作势要昏倒。

故事并不复杂，源于我一颗过分自尊自卑的心，将一段感情经营的曲曲折折。

"是艾丽去向辅导员告状你上学期间乱搞男女关系，也是艾丽给你母亲去信说你在学校不好好念书混在社会上挣钱……我是想跟你说的，但你没有给我机会说啊……"

我不知道刘爱红在辅导员的办公室还有过这般的豪言壮语。"我们家兰兰绝不会是别人谣传中的那种人，我自己的女儿，我相信她！"

十八年来刘爱红面对着我的时候鲜少有感情的流露，她总是凶神恶煞地叫我去背书，总是不断让我干这干那，总是以她的意志来决断我的"感情"和"前途"，纵使离我千里万里，她一颗牵挂着我的心都时刻如雷达启动，护佑着我的幸福。

她要我健康阳光地长大，勤勉而认真地念书，要我长成一株美丽自信的玫瑰花。

那个在三十岁生下我的刘爱红，爸爸口中最疼我最宠我日夜宝贝着我的刘爱红，我突然眼眶湿润，我很想她，我很想回家。

少年望定我，微笑着对我说：“罗兰，我明天可以开车载你回家去，明天是周末。”

“切！”我擦一把眼泪鼻涕。“你都没有追求过我，我凭什么答应你。”

少年从西装口袋里掏出十二封信，叠得整整齐齐，“中文系第一才女亲手操刀的情书，不知道追不追得到你。”

少年低头，在我耳边絮语：“我从没有喜欢过艾丽。罗兰，我是真正在第一次听见你的声音，就爱上了你。”

在自己的世界里一世为王

白泽讷讷地不知道该说些什么，苏格就将电话挂了。白泽看着屏幕黑掉的手机，发了好一会儿的呆，最后他还是轻微地叹了口气，然后登陆了剑三的账号。白泽和苏格的关系似乎又恢复到了之前的样子。

眼看比赛越来越近，苏格来找白泽的频率是越来越高。白泽认真地对苏格说，他快要比赛了，可以比赛完之后，再一起玩耍吗？苏格的眼睛有些闪烁，她没有说什么，只是撇了撇嘴。

梅茜在冬天写给大家的故事

梅茜烦不了

1

我是一条狗，拼命写字的金毛，名叫梅茜。

我牢牢记得老爹跟我说的，梅茜啊，只要你拼命写下去，慢慢在大家的意识里，狗都是身边的朋友。在路边看见流浪狗，会觉得他们就是梅茜，是自己似曾相识的朋友，然后随手给他们一个面包，一瓶水，说不定呢，他们就可以活下去了。

我是梅茜，一条拼命写字的金毛狗。

2

我一岁不到，跟着老爹搬到这个小区。

小区里狗很多，我有两个好朋友。

其中一个是条黑背。据说是小区里赫赫有名的武术家，以及专业级别的文盲。

黑背长相凶残，一开始我不敢跟他玩。

我晚上去广场溜达，黑背正在打坐。他看见我，假装不经意地大声喊，五郎八卦棍之十二路弹腿，一定要连续弹十二次，才是正宗的！

喊完就开始弹，后腿直立，前腿猛向前一踢，冲出去半米，这就叫弹一次。连弹十一次，弹到河边了，他犹豫了一会儿，大喊：死也要弹十二次啊！

然后就掉到河里去了。

我把他拉上岸。

他颤抖着说，小金毛，你叫什么？

我说，我叫梅茜。

他说，梅茜，你有没有听到远方图腾般的召唤？那种触及灵魂深处的战栗，像我们祖辈不绝于耳的呐喊？

我听了半天，什么动静都没有。

他猛地翻身起来，严肃地说，梅茜，我要跟随那个召唤走了。

说完，黑背狂窜而去。

我这时候才发现，对面的五楼阳台，黑背的主人探出身子，正在敲饭盆。

我想，谁特么说黑背是文盲的？！

3

我的另一个好朋友是条边牧。对，就是黑白眼圈那种狗，像饿了半年的熊猫。

有天，老爹带我去小区门口的超市。在路边，一只浑身湿漉漉的小边牧傻傻坐着。这是我第一次碰到边牧。

他正呆呆望着一个男孩儿拖着箱子离开。他坐在那里，眼睛瞪得很圆，动都不动，似乎从此以后就要永远不动了。

我一直忘不了他的眼神呀，像雪碧里慢慢冒上来很多气泡，又透明又脆弱，倒映着拖着箱子的男孩儿，仿佛这就是整个世界了。

我问老爹，边牧眼睛里那亮晶晶的是什么？

老爹说，因为知道再也遇不上，碰不到，回不去，所以，这就是眷恋了。

边牧脚边放着飞盘，他叼起来，眼神一点点黯淡下去。

我问老爹，如果他飞快地跑，飞快地跑，会不会追上呢？

老爹说，有时候我们跑得飞快，其实不是想跑到未来，只是想追上过去。可是，就这样了，每个人都有深深的眷恋，藏起来，藏到别人都看不见，就变成只有自己的国度。其实不用怕啊，这些就是人生的行李了。

小边牧叼着飞盘，摇摇晃晃站直，躲在超市里的女孩儿走出来，想拽走他的飞盘。小边牧死死咬住，一边哭一边不肯放。

女孩子也哭了，蹲在路边。小边牧吭哧吭哧跑过去，拼命仰着脖子，把飞盘举得老高。

后来我问边牧，那时候你在想什么？

边牧说，妈妈哭了，就是下雨了，但是我没有伞，只有飞盘。

那是个晴天，有只小小的边牧，用飞盘给自己的妈妈挡雨。

4

那时候，我一岁不到。

我挠墙，撕床单，叼袜子，追着自己尾巴转圈。老爹看见我就气不打一处来，声称要把我五花大绑，捆在车轮胎上，一路开到乌鲁木齐，连续碾我两百多万圈。

有天我控制不住自己，把羽绒被拉到阳台，扯成碎片。

老爹回来后，我害怕得瑟瑟发抖，心想这下要从南京碾到乌鲁木齐了。

老爹只是叹了口气，和我一起躺在羽绒被的碎片上，喝了很多很多酒。

他说，梅茜，我要离开你一段时间。

我说，老爹，我不咬羽绒被了，你不要走好不好？

他说，家里已经没有羽绒被给你咬了。

我说，那你要去哪里？

他说，我要去地平线看一看。

我说，地平线那里有什么？

老爹沉默了一会儿，闭上眼睛说，那里有你一切想念的人，正围在一起吃火锅。要是赶过去了，就能加双筷子，边吃边等日出。

我说，下次也要带我去，我也有想念的人，应该在地平线，我要大家一起吃火锅。

老爹说，好的，下次带梅茜一起去。去流淌时间的泸沽湖游泳，去开满鲜花的大理散步，去一路高高低低红色山丘的青海吹风，去呼吸都结着霜的松花江溜冰，去人人都在打麻将的成都吃冒菜，去背包客们走来走去的拉萨看一眼大昭寺。

我问老爹：老爹，你有正能量留给梅茜吗？

老爹说，梅茜你记住，正能量不是没心没肺，不是强颜欢笑，不是弄脏别人来显得干净。而是泪流满面怀抱的善良，是孤身一人前进的信仰，是破碎以后重建的勇气。

虽然我听不懂，但是我用力点了点头。

第二天我被送到托管阿姨那里。再次看到老爹已经是两个多月以后。

5

托管阿姨那里住着十几条狗。阿姨带着我们一起吃喝玩乐，四处溜达。

门口住着一条流浪狗，是条笔熊，头大身子小，阿姨喊他冬不拉。

刚碰到他，他神秘地说，梅茜，你来，给你看个好东西。

“什么好东西？”

我啪嗒啪嗒跑过去，冬不拉贼特兮兮地从草丛里翻了张红纸出来。

“这是什么？”

冬不拉赶紧说，嘘，这是我唯一的财产，叫作“超级世界转换器”。

我接过来，仔细看看，不就是张粉红的糖纸嘛。

冬不拉说，不要动！

然后他把糖纸放在我眼睛上，激动地说，梅茜，睁大你的狗眼瞧瞧，世界是不是变了！

真的，整个世界变粉红了！

天是粉红的，树叶是粉红的，马路是粉红的，连冬不拉也变粉红的了。

冬不拉拿下糖纸，说，只能借给你五分钟，现在我要收起来了。这是我从家里带出来的呢，藏在草丛里半年啦。我每天只用一分钟，你今天已经用掉了我一个礼拜的份额。

我说，冬不拉，你为什么不住家里，要出来住在外头呢？

冬不拉呆呆地看着糖纸，说，因为爸爸说我的种不纯。

我嘴巴张了张，说不出话。

这是春节刚过，每家每户喜气洋洋，不用糖纸，都可以衣服红彤彤，脸色红彤彤，围巾红彤彤，手套红彤彤。

6

过春节的时候，边牧和黑背也被送到托管阿姨这里。因为主人们都要回老家，所以小区大部分狗都被送到这里来。

我们住在外间，里间还有十九只泰迪。泰迪这种狗非常厉害，好像密密麻麻全世界都是。据说他们有个领头狗，叫作泰迪大王。泰迪大王说去哪里，立刻就有无数泰迪冲过去。

黑背找到冬不拉，说，给我看看“超级世界转换器”好不好？

冬不拉摇头。

黑背想了一会，说，你给我看一会儿，我给你亲一下。

冬不拉猛退几步，惊恐地看着黑背。

跟他一起后退的，还有边牧和我。

黑背一下奓毛了，喊，信不信我用十二路弹腿弄死你们！

冬不拉犹豫半天，说，你发誓以后不亲我，我就给你看。

7

元宵节那天，我浑身没有力气，就是躺着不想动，东西也吃不下。黑背说，梅茜你不会生病了吧？

我摇摇头，说，不应该啊。

就这么一直躺到黄昏，阿姨推门出去丢垃圾，一推，叫，冬不拉，你怎么回事？！

门口躺着冬不拉，一动不动。

阿姨将冬不拉抱进来，打电话。

来了两个男人，一个男人戴着手套，抱起门口的冬不拉，说，是狗瘟，要挂水。

阿姨说，挂水多少钱。

男人报了个数字，阿姨叹口气。

男人说，这条笔熊不纯，是个杂种，挂水没有意义。

阿姨说，那怎么办？

男人说，算了我来处理吧。

阿姨又叹了口气，回小房间给客人带来的狗洗澡。

另外一个男人说，走吧，杂种狗，找个地方扔了。

我一点一点站起来，眼泪哗啦啦地掉，冲着门口大声喊，那你们把我也丢了吧，我也是个杂种，你们丢了我吧！

冬不拉被一个男人的手抓着，整个身子垂着，努力转过头，呆呆地看着我。

他嘴里牢牢叼着一张糖纸。

然后他的眼神，像雪碧里慢慢浮上来很多气泡，又透明又脆弱，倒映着春节后喜气洋洋的世界。

是因为知道再也遇不上，碰不到，回不来。所以，这就是眷恋了吧？

我拼命顶着栅栏，眼泪喷着，拼命叫，拼命喊：我的种也不纯，我也是个杂种，你们把我也丢了吧！

两个男人抱着冬不拉走了。

8

天就快黑了。

我要去找老爹，问老爹借钱，给冬不拉治病。

老爹在地平线那边。

黑背凑到我耳边，小声说，梅茜你记住，你只有半分钟时间。我跟泰迪大王商量过了，他们十九只泰迪负责吸引阿姨的注意力，然后你就逃出去。

我说，怎么逃？

这时候，突然里面房间的泰迪同时狂叫起来。阿姨丢下手里的拖把，去看发生了什么情况。

黑背突然狂吼一声，在空中一个翻滚，大叫：十二路弹腿！他猛地撞上栅栏，咚的一下被弹回来。他是想乘机撞翻栅栏吧。

黑背擦擦眼泪，眼睛通红，说，边牧，不要叼着飞盘了，放一会儿，和老子一起把栅栏弄翻吧。

边牧放下飞盘，说，好。

两条狗狂叫一声，扑上去，栅栏倒了，带着一排柜子都倒了。

黑背看着我，突然大声喊，梅茜跑啊，去找你老爹，去把冬不拉救回来啊！

于是我箭一样冲了出去。

箭一样。我这辈子都没跑过这么快。

我奔上马路。

黑背和边牧站在门口，在我身后，声嘶力竭地大声喊，梅茜，跑啊！

这是我第一次听到边牧的喊声。

他也在喊，梅茜，跑啊！

我对着太阳，对着地平线，疯狂地跑，眼泪飘起来，甩在脑后。

梅茜，跑啊！

超过路边散步的人，超过叮当作响的自行车，超过拥挤的公交，超过排队的站台，超过一棵棵没有叶子的树，超过一切带着冰霜的影子。

这不是个粉红的世界，我要帮冬不拉把糖纸追回来。

我能听到自己的心跳，听到自己的喘气，喷出来的白色雾气蒸发眼泪。

但是，梅茜啊，你要跑到地平线去，不然冬不拉就会死掉。

所以，梅茜，跑啊！

梅茜，跑啊！

老天给我们躯干四肢，就是要捕捉幸福，尽力奔跑！老天给我们眼耳口鼻，就是要聆听天籁，吻遍花草！老天给我们咚咚咚跳动的心，就是要痛苦欢笑，一直到老！

而我们要去流淌时间的泸沽湖游泳，去开满鲜花的大理散步，去一路高高低低红色山丘的青海吹风，去呼吸都结着霜的松花江溜冰，去人人都在打麻将的成都吃冒菜，去背包客们走来走去的拉萨看一眼大昭寺。

梅茜，跑啊！

我跑得双眼模糊，浑身发抖。

但耳边一直回响老爹的声音：梅茜你记住，正能量不是没心没肺，不是强颜欢笑，不是弄脏别人来显得干净。而是泪流满面怀抱的善良，是孤身一人前进的信仰，是破碎以后重建的勇气。

所以，梅茜，跑啊！

9

我在河边找到冬不拉。

他浑身都是泥巴，眼睛闭着，一动不动，嘴里叼着一张粉红的糖纸。

我想推推他，但自己也没有力气，就一点点趴下来，趴在冬不拉旁边。

大概，我会和冬不拉一起死掉吧。

我讨厌狗瘟。我讨厌打针挂水。我讨厌莫名其妙地掉眼泪。我讨厌自己软绵绵的，没有力气。我讨厌走不动。我讨厌这样冷冰冰的地面。

我想念老爹。

假如，假如我们永远停留在刚认识的时候，就这样反复地晒着太阳，在窗台挤成一排看楼下人来人往，我不介意每天你都问一次，小金毛啊，起个什么名字好呢？

那，叫梅茜好了。

我想起老爹离开我之前的晚上，醉醺醺地趴在沙发边。

我问老爹，金毛狗牛不牛？

老爹说，非常牛。

我说，牛在哪里？

老爹想了一会儿说，牛在攻击力为零。

这个打击相当巨大，我连退几步，感觉晴天霹雳，攻击力为零，

攻击力为零，攻击力为零，攻击力为零，攻击力为零……

难怪每个保安看见我都兴高采烈地说，梅茜，来，抱抱。

我要咬死你们啊咬死你们啊！！！

我疯狂地冲出去，转了好久，才碰到一个保安，赶紧连头带腿猛扑！

保安看见我，兴高采烈地说，梅茜，来，抱抱。

我一个急刹车，兴高采烈地说，好哒！

咬死保安的计划失败。我哭着回家。

“老爹，我咬不死人怎么办？”

“梅茜，你可以尝试拥抱他。”

“老爹，这是不是攻击力为零的命运？”

“嗯。”

“那你要去远方，是不是也因为自己攻击力是零？”

老爹没有回答，睡过去了。第二天他去了远方。

我想，自己死掉了，在奔跑不到的终点，就能踩着老爹的脚印，飞到那些我们梦想中的地方吧。那里，每个人的攻击力都为零，互相拥抱。

在最好的天，最好的问候里，我可以跟老爹吃火锅，看小说，喝一点点啤酒。

我看着自己布满泥浆的爪子，脑袋挪在上面，那是让老爹摸摸头的姿势。

边牧和黑背气喘吁吁地跑过来。

黑背大呼小叫，梅茜你怎么死得比冬不拉还要快？！

边牧放下飞盘，定定地看着远处，小声说，梅茜，你瞧那边，是不是你老爹？

我甩甩耳朵，拼命仰起脖子，往边牧说的方向看。

嗯，这是老爹离开后的第五十五天。

看那垂头丧气走路的样子，就是他了呀。

还没等我确定，黑背大叫，看那垂头丧气走路的样子，就是你老爹了呀！

黑背上蹿下跳：我不会游泳，边牧你会不会？过去把梅茜老爹喊过来啊！

我努力说，不要，河里全是泥巴，会爬不出来的。

边牧沉默一会，呆呆地说，那我跳过去。

黑背大惊失色，下巴掉了，震惊地说，边牧你会草上飞吗，这么远也跳得过去？

边牧摇摇头，我从来没有跳过那么远。

黑背团团转，完蛋了！

边牧用脚推推飞盘，对黑背说，你把飞盘扔出去，我就假装是去接飞盘，可能会跳得远一点儿。

黑背嘴巴张大，这样也可以？

边牧没有回答他，后退了好几步，喊，黑背，扔啊！

黑背龇牙咧嘴，咬住飞盘，用尽全身力气，把飞盘甩向河对岸。

太阳要落山了。飞盘笔直射进金黄色的光晕里。

边牧一声不吭，疯狂地冲刺，那一瞬间，我确定他超过了五十码。

因为他像闪电。

他要去接飞盘。

就像我们都是攻击力为零的狗狗懂得拥抱，他的命运就是去拥抱那个男孩儿留下来唯一的飞盘。

在边牧沉默的冲刺里，黑背眼泪四溅，大喊：如果可以，请你飞起来啊边牧！

曾经有人抱抱我，对我说，梅茜，时间会摧毁一切。

但我要我们永垂不朽。

人山人海，总要有人要先离开。

失去的才知道珍惜。能失去的就不值得珍惜。从现在做起，否则连身边的都要失去。

所以，请你飞起来啊边牧！

于是边牧飞起来了！

边牧飞起来了！

去追那一枚飞盘。

太阳要落山了。边牧笔直射进金黄色的光晕里。

10

后来，后来冬不拉被送到其他小区。

老爹的朋友领养了他。

一直到现在，我没有再碰到过冬不拉。

属于每座城市的夜晚都一样，属于每个人的夜晚都不一样。无论今天过得怎么样，将来你都会怀念这一天。

因为你随着时间的海洋飘荡，有烧鸡陪伴你，有烤鸭陪伴你，火锅、糍粑、油条、竹筒饭、糖醋排骨不停穿梭在你生命中。

我只能停留在一个灯塔下，小心翼翼地捧着你的笑容沉入海底。我是没有办法陪伴你一直走到尽头的。

可是你划分出那么小小的一段，我就在里面来回奔跑，因为这就是我的一生了呀。我的天空有多大，在于你愿意和我分享多少。

梅茜没有很大的力量，梅茜是条没有什么用的金毛狗，攻击力为零的傻狗。

但梅茜要打响这么一场战役，让所有流浪的心都别害怕，梅茜和大家陪你去旅行。把沿途丢失的碎片捡起来，我知道它们已经被你的泪水洗得很干净。

那么记住，正能量不是没心没肺，不是强颜欢笑，不是弄脏别人来显得干净。而是泪流满面怀抱的善良，是孤身一人前进的信仰，是破碎以后重建的勇气。

嗯，就是这样。

十 年 一 刻

晞 微

1

父亲换第三次工作之后，我们终于在合欢镇定居了下来。

合欢镇上最多的就是合欢树，到了花期，柔软的合欢花顺着风向飘到脸上、身上，粉色的，带着奇妙的淡香。

我被父亲拉着去拜访邻居，躲在他身后怯怯地看着何月满，那时候她正在和胡洋洋抱着娃娃过家家。

“去和她们玩呀。”父亲推推我。

我走向一直看着我的何月满，说：“我……可以和你们一起玩吗？”何月满眨眨眼，她的眼睛很大，很漂亮：“可以呀。”

不多久后，我、何月满、胡洋洋就成了铁三角。

胡洋洋的爸爸是我和何月满的爸爸的上司，她家里很有钱，胡洋洋的爸爸给她买了一台复读机，胡洋洋用零花钱买了一大堆磁带。那时候复读机对我们来说是很新奇的东西，所以在胡洋洋把它们从柜子里拿出来的时候，我们“哇”地发出了惊叹。

那几天都在下着如丝的细雨，我们三个撑着伞坐在操场的台子上，在台子下听歌。都觉得新奇又奇妙。

我们一起看《东京猫猫》，把自己幻想成女主角，嘻嘻哈哈地在床上跳来跳去。

再长大一点儿，有一天，胡洋洋神神秘秘跑来和我们说："楼上搬来一个很帅的哥哥你们看见了吗？"

那时候胡洋洋六年级，我和何月满四年级，才刚刚开始懂事，所以对楼上的邻居充满了好奇心。

周末的时候，我起床后，看见爸爸正在和一个叔叔聊天，叔叔旁边站着一个男生，很高。我迷迷糊糊地走过去，爸爸回过头来："清颐你醒了，来，叫叔叔，这个是哥哥。"

男生俯下身，对我笑道："小妹妹你好啊，我是新搬来的，住在你家楼上哦。"

原来是他。

男生叫至和，比我大五岁，丹凤眼，比我高很多。我得意地向何月满和胡洋洋分享情报。

在小女孩儿眼里，一个邻居家的哥哥，成绩好，总是笑着的，长得还不错，就足够成为神一样的存在了。

我们天天缠着至和问东问西，作业不会跑去问他，他出去玩也跟着他，别人看到都打趣说："哟，三个好妹妹呀。"我们羞得满脸通红，白对方一眼把脸转过去不理他。

直到有一天，至和在我跟着他出门的时候和我说："清颐啊，你们几个可不可以别每天都跟着我啊，我也有自己的事情要做啊。"我呆呆地点头，他笑着说："乖。"然后就走了，我悄悄地跟着他，看见他骑上单车带着穿着白裙子的长发女生说说笑笑，出去玩了。

我把这件事告诉何月满和胡洋洋，何月满红了眼眶，胡洋洋一跺脚，说："不跟就不跟，有什么了不起的！我们去看动画片！"

睡觉之前，我看看自己短短的头发和扁平的身材，有点儿沮丧。

2

在我和何月满念六年级的时候，胡洋洋搬家了。

做完广播体操出来，何月满塞给我一封信，回到教室后，打开，第一句话是："清颐，胡洋洋搬走了吗？"还没看完就被班上调皮的男生抢走："在看什么啊！"我发疯似的抢："还给我！"男生被我的阵势吓到，悻悻地还给我："一张纸而已，生那么大气干吗。"

何月满写道：清颐，胡洋洋搬走了。我也是昨天才知道的。她的爸爸和我们说的。胡洋洋要搬去市中心了，她都没有和我们提这件事，她要把我们丢在这里了。

后来几天，我和何月满从爸爸和别人嘴里才陆陆续续知道，胡洋洋的爸爸升职了，帮她把农村户口改成了城镇户口，一家人搬去了市中心。

我和何月满就像被丢下不要的洋娃娃一样，胡洋洋再也没和我们联系。

升学考试，我考砸了，何月满考上了市中心的重点中学，我留在了合欢镇的中学。何月满走的时候哽咽着说："我会给你写信的。"

何月满搬走后，隔壁搬来一个很漂亮的姐姐，有各种漂亮的衣服和首饰，那时候还没有"女神"这个词，大人们提起她都说"这个姑娘长得很标致啊"。

姐姐的梳妆台上面有一个相框，是一张裸背的女生的照片，第一次见我有些害羞地别过头，姐姐笑着说："清颐啊，这个照片好看吗？"

"好看……"我点头。

姐姐笑了笑道："这是我呀。"

"啊？"我惊讶了。

姐姐摸摸我的头，说："走，吃蛋糕去。"

我和何月满写信时提起隔壁的姐姐很多次，因为我真的很喜欢隔壁的姐姐。

何月满陆陆续续地给我回信，信的末尾她总是写：“清颐你要加油，考上这里我们一起出去玩。”

我对市中心充满了向往，所以在父亲问我“清颐你是不是很想去市中心念书啊”的时候，我毫不犹豫地点了点头。

3

当我踏上市一中的大门的时候，才觉得一切是那么不真实。我被分在了5班，也就是何月满的隔壁班。

一下课，我就跑去了找何月满，何月满惊讶地睁大了眼，随即又恢复平静。我乐呵呵地说：“以后我们又能一起玩了。”

何月满笑笑说：“是啊，那我先去写作业了。”

“嗯，好。”我点头。

中午经过通知栏，看见上次月考的排名，何月满是全校第四，我张大了嘴，原来何月满这么厉害呀。

我找到何月满，向她借笔记，我们是一个英语老师，何月满皱眉，道：“你上课有没有听啊？笔记都不做。”

我张了张嘴，没有反驳。她转身拿笔记道：“拿去，没有下次了哦。以后没事也不要找我玩了，我有好多作业要做啊。”

我闷闷不乐地回到位置，同桌刘尚正侧着头玩手机，看了我一眼说：“心情不好？”

我和他说了何月满，问他：“你说，她怎么突然这个态度对我了呢？”

刘尚白了我一眼，说：“你真傻。别人的意思就是‘我是要上重点高中的人，你不要来耽误我’，懂吗？”

“哦。”我闷闷地回答。

我再也没有找过何月满。

时间在走，胡洋洋和何月满也在走，她们的步伐太快，到后来，只有我气喘吁吁地在后面追。

4

初三的时候，刘尚退学了。因为他“混不下去了”。

有一天下雨，我不愿撑伞，一个人走在雨中，一个女生走过来帮我撑伞：“为什么不躲雨呢？很容易生病的。”她手上抱着一摞复习资料，看来是学姐。

我摇头。

“有心事？”她问。

“嗯。”

我们一路无言，她送我到教学楼下，走的时候我谢谢她，她拍拍我肩膀，说：“其实……等到你慢慢长到我这么大的时候，你就会知道很多时候，让人不开心的事情都会过去，你会感谢它们的，因为它们让你不断成长。我是不是说得太正经了？总之呀，好好过每一天就好了。”

我点点头，对她笑道：“知道了，谢谢学姐。”

陌生人的鼓励让人温暖，我重新振作，开始一心学习。虽然已经晚了，但是比起之前的好了很多。我复读了一年，考进了市一中的高中部。

我以为我和何月满之间再也不会联系的时候，我又在高中部碰到了何月满。

碰到何月满的时候是课间操，我和朋友去食堂回来，碰见了何月满，她对我说：“听我爸爸说你也考来了这里，这么久啦，才碰到你。”她过来拉我手：“放学一起回家吗？”

“不用了。”我下意识地退了一步，“你都高三了我不想打扰你。”

我们都有些尴尬，我拉着朋友转身说：“我先走了。”

在和刘尚打电话的时候说起此事，他哈哈大笑：“要是我啊，我也会这么做！”

我说：“我不是为了报复她，我只是绕不开那个梗。”

他说：“我知道，生活里面大度、能既往不咎的人很多，也不差你一个。”

5

再次听到胡洋洋的消息，是在很久以后。

胡洋洋的爸爸丢下她和妈妈去了上海，又结婚了。他那么富有，却没有给胡洋洋留下一分钱。

而我，听到这个消息只是觉得惆怅。依然看着电视，当破坏胡洋洋家庭的女生的名字从大人嘴里冒出来之后，我看着地板，不说话，因为我一直觉得，当初隔壁的漂亮的姐姐，是很纯洁的人。

在放暑假从合欢镇返校路上，我碰见了何月满的妈妈，何月满果然考上了重点大学，如大家所预料，她一如既往的优秀。但是我不羡慕何月满，有什么好羡慕的呢？我又不是没有优点。

只是这样，如梦一场，恍然就过去了十年。

在自己的世界一世为王

林落迦

1

白泽慢吞吞从教学楼走下来的时候，被一个明朗的女孩子拦住。

女孩子自我介绍说叫苏格，是学校校刊的编辑，听说白泽入围了全国电子竞技的前三名，所以想要来采访一下。

白泽性格有些木讷，不善言辞，平日里总是独来独往，不是在教室里上课，就是在寝室里玩游戏。

此刻，白泽被突然的采访弄得有些蒙，抓了抓稍长的头发，讷讷的没有接话。

苏格却也并不觉得尴尬，拿着小本子，问了很多个问题。

白泽看着自己的脚尖，支支吾吾地回答得很凌乱。

最后，苏格将自己的本子合上，笑眯眯问："在dota圈一直有这么一句留言，一刀刀一天，单手能逆天，妹子放一边，刀友围一圈。可是据我调查，你没有刀友，妹子却是围一圈。你这是有什么特别的技巧吗？说来给广大单身的游戏宅男分享下吧。"

白泽的脸一下子红了，他小声地说："没有……技巧……就是有女孩子来对我说，要和我交往……我就答应了……"

苏格怔了怔，然后哈哈大笑起来。

2

白泽只要回到宿舍，那么除了睡觉之外，他基本都坐在电脑前。

他的生活在旁人眼中是单调而枯燥的，但是他并不这么认为。

这天，他正在游戏里研究新的技能搭配手法，却突然看到有人密他，打了一排排可爱的颜文字，然后说她是苏格，想请白泽帮自己一个忙。

白泽在电竞圈很出名，但是他在游戏里的账号却是很少有人知道。

在他盯着那行密聊发呆的时候，新的消息又刷过来了，苏格刷了很多个微笑的表情过来。

白泽犹豫了一会儿，便回了一个“好”字。

他很少拒绝人的。

苏格请他帮的忙其实很简单，苏格说自己在游戏里被欺负了，想要白泽帮她报仇。

苏格玩的游戏是国内很火的武侠游戏剑网三，白泽听说过这个游戏，但是他并没有玩过。

他如实告诉了苏格，但是苏格却说，电竞圈的大神，一定会很快就上手的吧。说着就甩过来了一个账号和密码。

白泽扫了一眼账号卡，记下了。然后去网页下载了剑网三。

白泽登录游戏，发现是一个穿着深V黑蓝紧身衣，扎着高马尾的男人，脸上戴着半个面具，手中扛着一把弩，看起来非常的禁欲也非常的帅。百度了一下，知道这个门派是唐门，类似于刺客的职业。

白泽刚登陆，苏格就秒组了他。

然后他就发现自己秒躺了。

苏格在队伍里发了一行点，问他不是大神吗?

白泽很想告诉他，再大的神，在一个完全陌生的游戏里，也会变成待宰的小白。

但是他没有说什么，他只是快速研究了一下唐门的技能，在心里组合了一套技能搭配。

起先几次，他总是起来很快就躺下去，躺得苏格都快没脾气了。

但是很快的，白泽就上手了，意识超神，走位风骚，一人溜着好几个人，将他们虐成了渣。

苏格在旁边看得大呼过瘾，在对方被虐得纷纷下线之后，她操作着自己的号，跑到白泽的面前道谢。

白泽只嗯了一声，然后就下线了。

3

白泽是一个标准的宅男，不爱说话，头发总是长很长了，才去剪到很短，然后直到又长到很长，再剪。

在他的世界里，似乎除了游戏竞技和数学之外，就没有其他的了。

但是，白泽是有过很多个女朋友的。这些女孩子大多都会玩游戏，她们称呼他为大神，然后她们会冲他笑，冲他撒娇，说大神，我们交往吧。

但是没有一个人能够和白泽在一起长久，最久的那一个女孩子，似乎也只坚持了半个月吧。

所以苏格再次来找白泽的时候，白泽并不觉得意外。

苏格说，为了感谢大神昨天晚上仗义相助，她决定要请白泽吃饭。

白泽挠了挠头，唔了一声。

吃饭的时候，白泽一言不发，只埋首于饭碗。苏格在对面笑眯眯看他，说她突然觉得，白泽这样的男孩子挺可爱的。

白泽差点儿呛死，他不敢置信地抬起头看苏格，又很快将视线游离开。

“苏格，你怎么在这里？白泽？”突然插进来的一道男声，及时将尴尬的气氛化解掉。

来人白泽是认识的，苏岩，也是一名电竞选手，这次入围全国前三名的选手就有他，是第二名。

苏岩和苏格说了几句话，就去了邻桌和一群人吃饭了。

白泽这才知道，苏格和苏岩竟然是同胞兄妹。

苏格看到苏岩，就自动触发了一种名为崇拜的状态，兴奋地对白泽说了很多苏岩的事情。

例如苏岩是学校里的风云人物啦，任职校学生会主席。从小到大，苏岩无论做什么事情，总能够做到最好。

白泽默默地听着，不时点点头。

4

苏格后来经常让白泽帮她到游戏里报仇啊之类，她对游戏里的每一个人说白泽可是入围了全国电竞大赛的大神欸，最后甚至以白泽的名义成立了一个帮会。

白泽从未说过什么，每次帮了苏格之后，都是立马下线，从来不逗留。

而现实生活中，苏格来找他的频率也就更加频繁了，她总是以答谢他的名义请他吃饭，白泽不知道应该怎么拒绝。

然后有一天，苏格看着白泽，突然说，哎呀，你的头发都这么长了呀，我带你去做一个发型吧。

然后就拉着白泽到她常去的一家理发店，拉着理发师叽叽咕咕说了好久，剪的时候，还特不放心地一直在旁边盯着。

最后的效果非常好，白泽整个人看起来精神帅气了不少。

苏格似乎对这个效果很满意，她甚至还特意掏出手机，对着白泽咔嚓咔嚓连拍了很多张。

白泽看着镜子里陌生的自己，总觉得有些不习惯。

从那天之后，苏格似乎上瘾了似的，没事就拉着白泽出去逛街。她眼光很好，挑的衣服都很适合白泽。

白泽有时候看着越来越陌生的自己，总觉得有那么一些别扭。

5

两个月之后，全球电竞比赛正式拉开帷幕。

每个国家每个游戏项目，都要通过决赛的方式选拔出一位选手去参加全球总决赛。

这是一年一度，电竞比赛圈的盛事。

白泽早早就开始为比赛准备，他是之前全国DOTA竞赛组的第一名，而他有自信，在这次选拔中，他依然会是第一名。

所以当苏格再次来找他的时候，他委婉地拒绝了她的邀约。

苏格表示不能理解，她问，白泽，你这个人怎么这样啊？宁愿宅在寝室里玩游戏，也不和妹子一起出去玩。

白泽只能回以沉默。于是很长一段时间，苏格再也没有来找过白泽。白泽并不失落，他很释然。然而大概只一个星期之后，苏格大概是受了委屈，突然给白泽打来电话，说白泽不在的这段时间，她一直都被游戏里的人欺负，简直没有办法玩了。

白泽讷讷的，不知道该说些什么，苏格就将电话挂了。白泽看着屏幕黑掉的手机，发了好一会儿的呆，最后他还是轻微地叹了口气，然后登陆了剑三的账号。白泽和苏格的关系似乎又恢复到了之前的样子。

眼看比赛越来越近，苏格来找白泽的频率却是越来越高。白泽认真地对苏格说，他快要比赛了，可以比赛完之后，再一起玩耍吗？苏格的眼睛有些闪烁，她没有说什么，只是撇了撇嘴。

6

在比赛的前一天晚上，苏格又给白泽打电话了，邀请他出来玩。

白泽第一次没有转圜余地地拒绝了她。但是白泽没有想到苏格竟然会找到寝室来。白泽看着脸上有些愠怒的苏格，沉默着没有说话。苏格走过啪一声拔掉了白泽的电源线，然后就要拉着白泽往外走。

白泽不动，他看着苏格问，你究竟是把我当作什么呢？苏格说当然是朋友。

白泽便问，如果是朋友的话，你会如此不顾朋友的意愿吗？

苏格被堵得说不出来，她瞪着白泽，脸色很难看，许久她才说，你以为你很了不起吗？要不是……要不是……我才懒得理你呢！

说完她恼怒地甩开白泽的手，白泽往后退了一步，踩到了插线板，整个人一下子跌在地上，撞了饮水机，饮水机倒下来砸到了他的手。

如此戏剧化的事情就发生在电光火石之间，白泽脸上的虚汗一下子就下来了。

而苏格看着眼前这一切，整个人都傻了。

等听到了白泽忍耐的呼痛声之后，她才赶紧跑过去，扶起白泽，看着他一下子青肿的右手，白着脸连声道歉。

白泽摇了摇头，没有说话，他只是客气而疏离地将苏格请出了寝室，理由是现在是晚上，她一个女孩子孤身出入男生宿舍不太好。

7

电子竞技是一个非常考验手速和意识的项目。

白泽的右手受伤了，基本没有办法爆发手速，因此他技能的释放以及角色的走位，完全跟不上他的意识。第一个就败下阵来。

最后是苏岩得到了第一名，将会代表中国去参加世界比赛。

苏岩去领奖的时候，看到白泽的右手，眼里有复杂的情绪。白泽脸上也不见输了的懊恼与难堪，他平静地坚持到颁奖环节的完结，然后随着大众一起离开比赛场馆。

苏格站在外面等他，她跟在白泽旁边走了很长一段路，最终实在是受不了这种沉默，勉强笑道："其实只是一个游戏比赛而已，下次再来一次就行了。"

白泽闻言，停顿了一下，他侧头看着苏格，轻声说："我以前说过吧？我有过很多个女朋友。"

苏格有些莫名地看着他。

白泽继续说："她们大多都是玩游戏的女孩子。女孩子玩游戏，一般都是打发时间，但是却总是对游戏里的大神，抱有一种隐秘的期待。其实想一想，如果有一个人能够在游戏里，为你呼风唤雨，无所不能，其实真的能够让女生有一种梦幻般的满足感吧。所以很多女生因为我是所谓游戏里的大神来接近我，甚至在现实生活中对我告白。"

苏格撇撇嘴："于是你来者不拒通通都答应了？果然男生都一个样。"

白泽没有接她的话，自顾自继续说："玩游戏的女生比较少，所以在游戏里有一种不成文的规矩，如果对方是女孩子的话，总归要照顾她们一些。因此我很少拒绝女生的要求，我总觉得，如果拒绝了的话，她们一定会很难堪。但是在我答应了和她们在一起之后，我依然是以前的我，她们却不能接受我是以前的我了，总妄图将我打造成她们期望的那样的人。这很难，于是她们放弃了，很快就提出了和我分手。"

苏格看着白泽，神色复杂。

"苏格，其实你和她们是一样的。你觉得玩游戏是消遣，你并不认同有人将游戏看作自己奋斗的方向。但是你又享受我在游戏为你带来的那种虚荣的感觉。所以你动了要改造我的心思。你将我的头发改造成你喜欢的样子，你为我选择你喜欢的样式的衣服。但是你从来没有问过我，这是不是我喜欢的，我想要的。”

苏格的脸一下子变得很白，白泽从来都是不善言辞的，她从来没有想到，白泽竟然会一口气说出这么多犀利的话，并且句句戳中要害。

“包括这一次比赛，也许在你心目中，只是一个娱乐性质的游戏而已，但是你却不明白我有多认真。”

白泽说完之后就走了，留下苏格一个人待在那里，许久许久都没有动。

7

后来苏岩在全球DOTA电子竞技组取得了第一名。

白泽的手好了之后，依然每天不是上课就是玩游戏。

苏格再也没有出现在他的世界里。

在苏岩得奖的那个晚上，白泽收到了一封邮件，是苏格发过来的。

苏格说当初她的确很享受白泽在游戏里为她带来的那种虚荣感，她为白泽改造外型，真的是出于一片好心。后来，全球比赛将近，苏岩拜托了她一件事，让她没事就去找白泽玩，打扰他的赛前练习。甚至比赛前夜，让苏格拉着白泽出去疯玩一夜，喝点儿酒就更好了。苏岩一直都是很要强的人，什么事情都要做到最好，没有获得过全球比赛的资格，是他唯一的遗憾。苏格的确是没有将游戏当回事，所以才答应了他。但是她没有想到比赛之前会害白泽受伤。她很抱歉，不奢望白泽能够原谅她，只希望白泽一切安好。

白泽看完了邮件之后，沉默了很久，敲了几句话：“虽然苏岩赢得了这场比赛，但是他却是一开始就输给了我。因为他就从心里就觉得他不可能赢过我，所以才会使出这么不光明的手段。”

但是最后他还是一行行将那段字删掉，回复道：“每个人都有自己的世界，让我们在各自的世界里，一世为王吧。”

走过今天

赵 颖

做好今天的事，留下光辉的历史，走过今天，我读懂了人生……

期中考试已经过去，语文考得很糟糕，原本站在“山腰”的我，仿佛一下子坠入万丈深渊。

伴着皎洁的月色，我独自一人来到池塘边的老榆树下，心情一度消沉到了谷底。

一片树叶落入我的手中。凝视着这片树叶，我不禁茫然……

历 史

有些事，就在我们的不经意间，已成为历史，随着岁月的沉淀而消逝。

历史是一面铜镜，一面能知过去、鉴未来的明镜。

“生当作人杰，死亦为鬼雄。”乌江岸，记载的永远是项羽的血。鸿门宴，义放刘邦，四面楚歌，无颜面对江东父老。英雄气短，难抵刘邦之韬略，乌江一刎，成全了大汉的“大风起兮云飞扬！”

南阳卧龙，三试刘备爱才之心。“谈笑间樯橹灰飞烟灭”，草船借箭，神机妙算。最终，“出师未捷身先死，长使英雄泪满襟！”永不泯灭的是诸葛孔明的才智！

“英雄难过美人关”。常言道：红颜祸水，我看却未必。西施不是成就了勾践的“越甲三千可吞吴”？武则天不就是在后宫的恩怨中，实现了自己的抱负？

铜镜中，泛起几缕刺眼的金光……

今　天

在这样的时代，可不要让任何有意义的东西成为过去，把握好今天，你将拥有美好的明天！

也许，你没有“茅庐未出便知天下三分”的神通；也许，你没有回眸一笑百媚生，六宫粉黛无颜色的仪态万方；也许，你没有越王勾践卧薪尝胆的坚强，也许，你没有谪仙李白的豪情万丈。

但，一滴雨露都能折射出太阳的光辉，更何况我们是如此高等的动物！因此，我们要善于发现自身的亮点，用实际行动证明自身价值的存在！

把握自己生命的方向，是的，命运就掌握在我们自己的手里呀！何不做一只自由飞翔的蝴蝶呢？

握紧今天的方向盘，通向未来的彼岸。

未　来

未来充满一种神秘的色彩。

不要因为一次失败，而一蹶不振。

不要因为一次得失，而蹙眉千度。

不要因为一次邂逅，而殚精竭虑。

于是乎，为自己喝彩！

不就是与成功的一次失之交臂吗？没关系，“金无足赤，人无完人”，上帝也会存败笔，多说几个没关系，或许你的一生会更加精彩。

古语有云：“古之成大事者，不唯有超世之才，亦必有坚韧不拔之志。”从古至今，哪一个伟人的成就靠的不是坚韧的毅力？也正因如此，他们才战胜困难，最终走向成功。

坚不可摧的力量是毅力的象征，是自信的化身。

若没有自信，冯谖能出人头地拯救孟尝君吗？若没有自信，毛遂能参加谈判取得成功吗？

不，不能。

是啊，创造命运的不是上帝，而是自己。大千世界，找不到两片相同的树叶，任何人都是如此特别！

我再次凝视着这片树叶，月光映衬下，它不再渺小，闪耀着夺目的光芒。

这时，又有几片零落的叶子，在空中飞舞出一个个全新的自我，让生命不再黯淡。我明白了：即使你失去再多，也不能失去自己的价值！“落红不是无情物，化作春泥更护花。”

我突然觉得手上好重好重。

未来的路还长，历史要我自己去书写。于是，我擦干眼泪，大步朝家走去。

走过今天，我读懂了人生。

白色油桐纷飞过街

我始终记得，他每个月底要坐很久的火车回来，车常常晚点，很晚了，我起来上厕所，看见她坐在黑夜中的客厅里，月光倾城，她的嘴角带着笑。

虽然现在讲起来有点儿惊悚，只是那时，我作为一个怀春少女的半成品，成熟地想她应该是极爱他的，她看我的眼神，就从来没有这么温柔过。

32码的夏天

巫小诗

0

你能想象一个穿32码裤子的女生长什么样吗？

是满脸油腻眼睛快要眯成缝，还是笨手笨脚下巴叠出好几层？

当然，你们也许根本不愿意去想象。

1

夏晓晨到底有多重，一直是全班同学热衷讨论的话题，有人说一百四十斤，也有人说不止，真相当然只有她自己知道，可她谁也没告诉过。

虽然名字里有“夏”字，但她最讨厌夏天，毋庸置疑，每个胖子都注定与夏天为敌。

有一部电影叫作《牛仔裤的夏天》，评分还挺高，但晓晨很讨厌这个电影，因为她根本买不到牛仔裤，几乎没有女款会出32码，而她又很排斥穿男装，所以，一年四季穿着运动裤。没有牛仔裤，也没有夏天。

也许所有人都认为，胖姑娘在买衣服上不用花什么钱，商场里的断码大号衣服，似乎永远在打折，而那些时尚的款式，又跟她们没有关系，她们只需要天天穿着松垮的灰色的每一件都长得一样的衣服，然后把所有的钱花在减肥和长胖上。

事实是，胖姑娘的生活成本远没有这么简单：盯上许久的漂亮衣服，虽然试都不试就知道紧绷绷，还是一咬牙买回家，想等瘦下来穿，然后，衣柜便又多了一件再也派不上用场的衣服；在服装店试衣服时，因为导购一句接一句的赞美，觉得自己一点儿也不胖，这件衣服太适合自己，然后欣然买回家，回家穿上，连亲妈都说看不得。还有更多的断码衣服，脑子一热贪便宜买下，后来即便发现是残次品，也无法退换……

胖姑娘的生活，还真是悲惨呢，她们不仅比别的姑娘胖，还跟所有不胖的姑娘一样爱美和希冀爱情。

想到这些，夏晓晨叹了口气，然后继续把手里的大杯奶茶喝完。

2

其实，夏晓晨的人生，还是有过一点儿爱情的。

文理分科前，班上有个男生对她有点儿意思，虽说男生自己没有对她说过什么，但风言风语可是漫天乱传，什么一见钟情啊，非她不可啊。晓晨一方面表情严肃地表达对男生的不屑，一方面又在心中窃喜，自己好歹也是有人追的姑娘。

为什么不屑？因为啊，男生比她还胖许多！天知道晓晨多介意“胖”这个字，她才不要“你胖我胖将就着凑一对”那种随便的爱情。

直到文理分班，男生也没对晓晨发动爱的攻势，他选理，她选文，这事也就像过家家一样没了消息。晓晨开始纳闷，他到底喜不喜欢自己啊，怎么不追着试试，难道这一切都是八卦的同学们开的玩笑？长这么大，只有自己暗恋，都没有真正被人喜欢过。被喜欢，是一种怎样的感觉呢？

直到高三，夏晓晨也没体验过被喜欢的滋味，反倒是作为全班同学的知心姐姐，解答过无数爱情困惑。很多人都爱找她倾诉，说秘密也好，吐槽也罢，她简直成了一个公共的树洞。

她欣然接受一切的倾诉和咨询，她把这当成大家喜欢跟她当朋友的方式，“那么多人，偏偏选择我，当然是我有与众不同的地方，让人喜欢和信赖啊。”她总这样对自己说。

似乎，每个胖子都有好人缘，他们天生面善，让人感觉不会动歪脑筋，不管跟他们怎么相处，哪怕话说重了，也不会生气，他们每天就吃吃笑笑，单纯得不会长大似的。人一胖就会显得无害，这是真理。

可当晓晨有烦恼的时候，却找不到合适倾诉的人，不是吧啦吧啦说一堆才发现别人根本没有在听，就是告诉别人后秘密被一传十、十传百地昭告天下。

3

谁说胖子没有脾气，这次，夏晓晨是真的生气了！

全校都在传她迷恋周铭的事，周铭是谁？尖子班的班长，成绩好，长得帅，还打得一手好篮球，简直是现实版的入江直树。

大家都在说，夏晓晨总绕道走过周铭教室门口，只为多看他一眼，偷了他的作业本，还总给他发短信，爱半夜给他打电话，骚扰到了他的正常生活。说她白日梦做大了，周铭根本看都不会多看她一眼，哪个入江直树会喜欢上唐宛如？

而夏晓晨此刻简直要发疯，这些谣言也太荒谬了吧，自己只是对别人说过，周铭这个人很不错，多么单纯的一个评价，怎么演变成如此夸张的脑残粉。绕路看他？自己连他坐什么位置都不知道，偷作业本就更好笑了，偷来干吗？当字帖临摹啊？别说骚扰电话了，连他号码都没有……

越想越气，这些传话的人真是太讨厌，个个都是自己曾经掏心掏肺帮着解决心理问题的，现在可好，以怨报德。以后再也不当任何人的树洞了。

可是，现在生闷气没有用啊，怎样才能消除谣言呢？毕竟这些话语太伤自己好姑娘的名声了，保不齐毕业前还能谈场恋爱呢，可不能被毁了。

首先要找到谣言的始作俑者，从根源来解决问题，但又不得不心虚一下，觉得周铭不错的话，不止对一个人说过，贸然确定嫌疑人太过鲁莽，连坐制的一把抓又太不人性化。跟同学们好好解释？怎么解释得过来啊，楼上楼下的班级都知道了，除非用上校园广播，不然口水都得流干，而且容易越描越黑，越解释就越像在掩饰。

怎么办怎么办……夏晓晨头都快想炸了。

要不，找周铭出来说句公道话？他的作业本丢没丢，有没有接到我骚扰电话，只要他一开口，就一切明了，那些流言蜚语便会灰飞烟灭。

可是，从来没有过交流，怎样取得联系呢，而联系的过程，又怎样不被别的同学发觉，呼，真是想得脑容量都不够用了。

4

一夜的辗转反侧，夏晓晨终于想出了一个有些可行性的方法。

清晨六点多，她敲开了教学楼保卫科的门，“爷爷，我是高三（9）班的学习委员，老师打电话让我提前去她办公桌上拿班级的早读材料，可现在办公室还没人，您能给我开个门吗？”

门卫爷爷一边嘟囔怎么来这么早，一边拿起钥匙串开始上楼，晓晨紧跟其后。

开门后，爷爷转身便走了，晓晨左顾右盼了一番，确认没有人发现自己，便昂首阔步地进了办公室，她并没有走向自己班主任的座位，而是低头看着别桌的作业本，凭借作业本上的班级署名来寻找高三（1）班，这是周铭的班级。

确认了三（1）班班主任的办公桌后，晓晨便弓着身子开始挨个翻看老师的抽屉，在翻第二个抽屉时，她控制住声音兴奋地说了句“Yes”，是的，这就是她要找的东西——一份班级联系方式表！

她拿出手机给这张纸拍了张照，然后迅速将其放归原处，逃离现场。这一切都神不知鬼不觉，夏晓晨简直觉得，自己不进FBI都可惜了人才。

回到教室后，她拿出手机来欣赏自己的战果，怎么回事？！照片是模糊的！难道是太匆忙太紧张了？这么不清晰的照片一点儿用处都没有嘛，得再去一次，她看了看时间，离上早读还有一会儿，或许来得及。

她飞奔到办公室，可惜，现在已经有两位老师到场了，其中有一位老师还认识自己，没有办法再走进去，在别班老师的桌上拿什么东西，只能作罢。

唉，真是人一骄傲，上帝就发笑，都怪刚刚得意过头。差一点儿就弄到手周铭的手机号码了，现在怎么办，明天再用这招，门卫爷爷该起疑心了，再说，晓晨也做不到天天提前半小时起床。

5

可是，还有比在办公室神不知鬼不觉地拿到周铭手机号码更好的方式吗？并没有。同学们都在早读，唯有夏晓晨心不在焉地躲在书后面沉思。

人就是这么一根筋，晓晨坚定地认为，自己必须再去一次，也等不到明天了，就现在！对啊，就现在，现在早自习坐班的老师们肯定都在班级里，而上午上课的老师，又不会来这么早，现在的话，办公室应该刚好是空的。

夏晓晨站起身，怯弱弱地走到讲台前，一脸痛苦地跟老师说，肚子不舒服，去一下厕所，老师当然同意。她慢慢地走出了教室，刚走出班级视野就开始健步如飞。

为了不露馅，她走的是厕所方向，然后从楼上绕路回到同一层，从楼上过的时候，闲着没事随便扫了扫教室里面黑压压的一片，完蛋！跟周铭对视上了！这家伙成绩这么好，早读课还东张西望，太不符合逻辑了！晓晨也被这突如其来的对视吓得迈不动脚，愣在原地，而周铭班级里的同学，也开始陆续看到窗外的她，然后隔着窗户玻璃，发出阵阵笑声。

笑让晓晨从发愣中惊醒，接着赶路前往办公室，唉，这下又该落下笑话了。

来到办公室，果然没有人，她轻车熟路地走到办公桌前，打开第二个抽屉，拿出联系表，轻轻放到桌面开始拍照，确认照片清晰后，再原路放回，迅速逃离。这一次该万无一失了吧。

离开的时候，又不小心瞄到一摞作业本最上面一个的熟悉名字——周铭，好想看一下他的字写什么样哦。翻开一看，咦，怎么是英语作业本呢，大家的字母都写得差不多，看不出多大差距，应该看语文作业本。他的语文老师应该不是这个办公室的，大约是楼下的那个，晓晨鬼使神差地就开始下楼，朝着另一个办公室走去。

这个办公室果然也没有人，晓晨蹑手蹑脚地进来了，三（1）……三（1）……三（1）的语文老师坐在哪啊，真是的，半天找不到。

“同学，你在找什么？”

晓晨惊讶地回头，一个白胖白胖的眼镜男，如果没记错的话，他正是三（1）班的语文老师，而晓晨半天没找到的东西，此时正抱在老师的手上……一沓作业本。

“呃……这个……是这样的……我是三（9）班的学习委员……老师让我来向您借一本书写工整的作业本，复印一些给同学欣赏学习，我班上的书写不太好……”晓晨支支吾吾，临时编出了一套理由，自己也不知道为什么不说走错办公室而直接走人。

眼镜老师眨了眨小眼睛，说这样啊，好的，顺手翻了翻作业本，挑出了一本递给夏晓晨，晓晨接过来一看，并不是周铭的，是个女生，只想要周铭的啊，怎么开口，唉，纠结死了，干吗脑子发热地跑到楼下来偷看作业本，让自己这么下不来台……

“嗯，这本也不错，也给你吧。”在夏晓晨各种内心埋汰自己，正要失败离场的时候，眼镜老师再递过来一本作业。

居然是周铭的！哈哈哈，老天太眷顾自己了，各种戏剧画面的出现啊，谁说胖子的人生只能演配角啊，有这么坎坷这么多戏份的配角吗？自己一定是主角！夏晓晨谢过老师后，便得意地一边夸自己一边回教室。

6

一边走一边看周铭的作业本，字真的很好看呢，苍劲有力又不失秀气，简直都能想象得到他穿着白衬衫，手指修长，若有所思的样子。晓晨觉得周铭的字比老师给的第一本更好看，当然，这其中必然有主观原因啦，女生很难由衷赞美女生的，何况人家周铭还是男神。

快走到自己教室门口，晓晨才猛地反应过来，自己是空手出来上厕所的，抱着作业本回去不太好吧，再被看见写的是周铭的名字，就更不好了，纠结的人类啊，脑子都快打结了。

“铃……”救世主出现了，铃声救了晓晨，可以不用当着所有同学的面进去了。

正当晓晨在门外窃喜时，自己的班主任第一个走出了教室，看到门外的晓晨，老师不解地问她：“上个厕所，怎么去那么久？”

呃，这个，被老师撞上简直比被全班同学看见更为倒霉啊，晓晨只能继续圆着自己的谎了，“老师，这是三（1）班老师让我给您的，他班上书写好的同学的作业本。”

“哦，可是我没有跟他要过这个东西啊？”老师接过作业本，一脸迷糊。

“嗯，大概是他觉得我班同学的书写不好看吧。”晓晨鬼使神差地接了一句话，接完就觉得万般后悔，这不是成心让老师们产生过节嘛。

老师脸色不太好，并没有再说话，只是接过作业本，紧紧攥着离开了，简直都能闻到她身上蓄势待发的火药味。

唉，晓晨啊晓晨，真是好奇害死猫啊。只想弄个手机号码，却把事情像滚雪球一样越滚越大。不知道这个雪球最终会砸向山下哪个倒霉的村庄，但愿不是自己家。

7

忐忑地回到自己的座位上，好长的时间才勉强平静下来。算了，管它雪球滚到哪儿，让它再滚一会儿，先解决自己的问题吧。

既然手机号码搞到手了，第一步当然是联系周铭，把事情跟他说一说，让他出来替自己说句公道话，远离这风言风语，好歹也是要高考的人了，成绩一般归一般，读书的诚意还是要有的，天天操心些流言蜚语，真是太浪费生命了。早点儿把事情解决，早点儿静下心来搞学习，嗯，就这样。

白天周铭大概在认真上课，带不带手机在身上都不一定，还是晚上联系他好了。

下晚自习回到家，夏晓晨都顾不上洗漱，先一头钻进房间，正襟危坐在书桌前，拿出写高考作文的认真态度，编起短信来：

“你好，我是三（9）班的夏晓晨。”呃，这样的开门见山的开头方式是不是太随便了？一点儿都显示不出发短信人的文采和叙事能力，自己好歹也是个在校报上刊登过几个豆腐块的小作者，可不能在给男神的第一条短信上没气场。

退格重来，“我是谁不重要，我只想跟你把一个事情说清。”这样看起来好怪，像敲诈勒索，下一句就差写你的家人在我这儿，速汇款了，不好不好，莫名其妙的。

再退格，“别问我是谁。”哦哦，好文艺，瞬间想起王馨平的歌来，等等，下句好像是，“请与我相恋……”不行，这样事情就越描越黑，更说不清了。

手忙脚乱之际，居然莫名其妙地按了发送键，天呐，什么内容都没有，就一句“别问我是谁”，这样的短信谁收到都会觉得碰上了神经病。夏晓晨慌乱得想在家找到一条地缝钻进去，可惜家里没有地缝，她只得把头钻到被子里，撅着屁股，像寓言故事里那只躲避敌人把头埋进沙坑里的笨鸵鸟，滑稽极了。

周铭那边没有任何反应，这不行啊，这比骂她神经病的结果还要差，人家压根不想搭理。“你真的不想知道我是谁吗？”夏晓晨鬼使神差地再次发送了一条神经病短信。

那边依然没有任何反应，天呐，周铭真是个冷血动物，不仅没感情，还没有好奇心！这要换了自己，肯定迫不及待想知道谁大晚上的发短信给自己啊，真是，太没意思了。

做人做事啊，被骂被打都不是大事，最悲惨的是被无视，好不容易长了一副厚脸皮都没有用武之地，只能尴尬地等着对方回应，而对待这种人，等待似乎是件无用的事情。

夏晓晨呆坐着发愣，他不理我，那我辛辛苦苦弄来的手机号码不是白忙活了吗，知道我付出多大的辛劳嘛，冒着被当成小偷的危险，二进办公室，还扮演了挑拨离间老师友谊的坏人，这样的付出，换来的只是周铭的无视，真是太不值得。

8

越想越气，可不能就这么算了。

夏晓晨一怒之下按了拨通键，嘟……嘟……嘟，接通的时间太过漫长，仿佛整个世界都静止下来等待着，接通了！

“喂，哪位？”声音低沉而陌生，似乎刚被吵醒。

怎么回事？这明明是一个中年男士的声音啊！莫非，联系表上的号码，周铭没有写自己的手机，而是父亲的？啊啊啊，怎么办，发了几条莫名其妙的短信给人家的爸爸，还打电话把他吵醒了，完蛋了！

夏晓晨什么声音都不敢发，手忙脚乱地挂掉了电话，怕对方打过来质问，赶忙把手机关机了。这下惨了，电话电话没搞到，骚扰电话打到别人家长那儿；作业本作业本没拿到，还将两位科任老师得罪了；胖就算了，还笨手笨脚尽做傻事……人生真是失败啊。

迷迷糊糊地就睡着了，没有洗漱，没有脱衣服。

早上起来，感觉这一觉睡得好舒畅，开机一看，糟糕，8点半！错过了早自习不说，上午的第一节课都上了一半了，这可如何是好，如何是好。

让妈妈给老师打电话请个病假吧，可是上周才刚刚“病”过啊，来姨妈不舒服？也不行，这个理由上上周用掉了。唉，真正的勇士，要直面惨淡的人生，直接去上课吧，老实交代睡过头了，或许还能得到坦白从宽的上级处理。

来到学校，刚好跟下课的班主任撞个正着，还没等晓晨主动道歉，老师便表情严肃地说：“你跟我来办公室一下。”

夏晓晨只得垂着头跟着老师来到办公室，摆出胖并娇小的姿态，努力让自己看起来惨一些，老师可以不对她发很大的脾气。

“知道我为什么把你叫过来吗？”老师表情严肃得有一点儿发凶，像县太爷门口的石狮子般，晓晨心虚地简直要打抖。

“因为……我迟到了……对不起老师，没有下次了，昨晚手机没电了，闹钟没响……”晓晨弱弱地回答，都不敢直视老师的眼睛。

“不是这个事，是另外一件。”

“我……我出于好奇拿了三（1）班的两本作业本，被您碰上，还说是老师让我转交您的，我错了……”

“是这样啊？我说那老师平常挺好说话的，不会直接对我说我班上的同学书写差，以后别乱传话。话说你好好的，拿人家作业本干吗？”

晓晨弱弱地接话：“就是看看，听别人说（1）班的书写很好，想借来观摩观摩，学习一下。”心里却想的是，老师这么说的话，是她还不知道我拿作业本的事？我不打自招了，哎，那我还犯了什么事啊，真是坏事做多了自己都想不起来了。

果然，老师说：“我指的还不是这件事。”

实在不能乱招了，会出事的，晓晨只好怯懦地问上一句：“那是什么事啊？我真的不知道。”

“今天三（1）班的班主任给我打电话，说他接到周铭家长的电话，家长称，有人半夜给他发骚扰短信和打骚扰电话，他去营业厅查了号码，机主显示的是夏晓晨的名字，而周铭证实，我们学校有这个人，当然，也就是你。这事儿，你怎么解释？”老师语气咄咄逼人，似乎晓晨正在耽误一个清华学子的横空出世。

而晓晨心中却莫名其妙地窃喜着一个不搭边的话题，“咦，周铭认识我欸，他居然知道我的存在，我不是简简单单的路人甲。”当然，跳跃的思维很快被老师冰冷的目光抓回，晓晨尴尬地清了清嗓子，她真的没有什么好说的，一切都那么明了，再狡辩也无济于事了。

9

也许是高考将至的原因，老师们都秉承着多一事不如少一事的原则，看夏晓晨的认错态度良好，也就当算了，说没有下次，你回去吧。老师也是过来人，青春期的平凡少女对完美型的男生有点儿遐想犯点儿小错误，还是可以理解的。

晓晨长吁一口气，正打算回教室，出门的时候，才发现，办公室里，除了老师，还有别的同学，那个人正是三（1）班的学习委员！就是胖眼镜老师给自己的那本作业本的女主人。完蛋，这么多有爆点的话题，一个不落地被她全听到了，女生个个都是八卦潜力股，即便是成绩再好的女学生，也不会错过这个一展口才的机会，她一定会说出去的，换我我也忍不住，实在是太有爆点了。

夏晓晨臊红着脸，回到了自己的座位上，想着自己最近为何这般惨绝人寰地诸事不顺，难道要吃素一周来向佛祖赎罪吗？乐观点儿吧，就当是为高考攒人品，所有的倒霉与不幸都是有限额的，现在多用一些，以后日子会顺畅一点儿吧。

可人生就是这样，你一旦站过舆论的风口浪尖，就很难再过上平民的简单幸福生活。是啊，办公室里的那位女生，果然没有辜负自己的厚望，将她在办公室的见闻以迅雷不及掩耳盗午夜凶铃之势传播开来，全校都在说这件事了。而且比事实夸张得多，“短信表白被家长看见告到学校。”“老师因为周铭是考清华的命，任何阻碍他学业的人都将被全校唾弃。”“老师说她再骚扰周铭就要勒令退学。”……

舆论版本层出不穷，真是一千个传播者，七百个大姑八百个大姨啊。流言何止长着脚，还长着翅膀，飞着飞着就穿了外套，一件加一件，直到穿得完全遮住了原来的身形。

走在校园里，简直全校都在议论自己，夏晓晨都快被眼光杀死了。她真想大喊一声，不，不是这样的，自己是被舆论冤枉的。可这些话，能对谁说呢。全校难道还有一个人没在笑自己吗？那些成天约她逛街吃饭，跟她倾诉衷肠的人，此时完全站到另一个阵营了。

曾经有人对夏晓晨说过一段当时觉得很难听根本接受不了此时自己却觉得百般在理的话：“你知道为什么有那么多人愿意跟你在一起玩吗？因为女生都爱跟比自己差的女生玩，也许她相貌平平，但只要跟你走在一起，就会立马显得出众。”

是啊，别人跟自己在一起玩，只是为了来衬托她们的优秀，她们需要绿叶的时候，就把晓晨叫出来，而晓晨需要体贴与保护的时候，却没有人愿意挺身而出。胖姑娘是无害的，也是不需要爱的，这真是一件很悲伤的事情。

此时周铭在想些什么呢？他会不会也在笑？晓晨从没有跟他说过

一句话，而这一切都因他而起，因他家人的一个告密电话而将事件推到高潮。原本懵懂的青春故事，俨然成了全民恶语的大事件，夏晓晨便是这个事件最大的也是唯一的受害者。

许多的谣言和舆论，原本只是空穴来风，可当事人出于不安，出于委屈，甚至出于好奇，要去消灭那本不存在的事件，因而去做一些弥补的事情，往往是不停地给自己帮倒忙，越描越黑。

看看自己，最初子虚乌有的绕路偷瞄，偷作业本，发短信，打骚扰电话，都像完成任务般，被夏晓晨一个接一个地歪打正着完成了。如果起初就不在意这些流言，它们或许会跟大多数的流言一样不攻自破。高中生的生活太死寂了，总要在别人的故事上找点儿夸张的笑点，而话题是一直在推陈出新的，你不理会，自然有新的倒霉蛋来替代你，你要死磕，你只会一步一步地把自己逼上更窄的路。

10

终于，有一个更大的，全民关心的话题出现了，这个话题瞬间拯救了水深火热的夏晓晨，这个话题有一个响亮的名字——高考。

铃响，起身，说再见。

高考的结果并不是夏晓晨在意的，而周铭会不会考上清华也不关她的事，她只知道，为了让自己更乐观，获得平等，她需要做一些改变。任别人高考完去旅行，去恋爱，去各种红尘滚滚，她要做的只是减掉一些肥肉。

而夏天永远不会迷路，不管你穿32码的裤子，还是26码的裤子，夏天都会来，都会走，会下雨，也会天晴。

晓晨清楚地知道，也许会跟大多数平凡的胖子一样，上大学的时候，她依然是个胖子。

那又怎么样呢？她的青春，跟所有的瘦子一样，穿越一年四季，爱过美，爱过人，这就够了。

再遇见，秋故事

原味觉醒

不期而遇的情窦初开

豌豆蒙终于情窦初开了，我仰头喝下一大杯可乐，豌豆蒙一副怀春少女模样，放下杯子又苦恼起来，可是我和他一点儿都不熟。

事情是这样开始的，那天豌豆蒙抱着作业本去办公室，经过办公楼时，一不小心被地上的香蕉皮撂倒，华丽丽地和大地母亲亲密拥抱了，这本没有什么大不了，可恶的是，身后一个男生落井下石地哄笑，看来小说都是假的，哪有什么男生会怜香惜玉啊，豌豆蒙瞪他一眼开始捡作业本，男生笑过也觉得无趣，准备离开。

就当豌豆蒙堆齐作业本时，她眼睁睁地看着那男生一头栽进作业本里，砸出了一朵花。

暖清，是不是很好笑，他竟然也被香蕉皮调戏了，你没看见，他的脸红得像烤熟的螃蟹。

我捅捅豌豆蒙，淡定，你没发觉这话对我说了四遍了吗?

豌豆蒙愣住，真的？没有吧！

我看向窗外金灿灿的油菜花，露出多年媳妇熬成婆的笑容，啊，春天真的到了。

年少的青春，谁没个喜欢的人

作为豌豆蒙的军师，我到处探同学的口风，目标锁定，潘树森，高二（13）班学生。

因为高二教学楼教室不够，少数班级被分到了高三教学楼，很不巧，潘树森的班级和我们不在一栋，所以，假装偶遇的概率减小至零。

看着豌豆蒙每天茶不思饭不想，日渐消瘦，越来越衬托出我的彪悍，我狠狠心翘掉了一节晚自习。

豌豆蒙跟着我走出了教室，当我们来到高二（13）班时，豌豆蒙还在不停地叨念，罪过啊罪过，逃课的孩子是要下地狱的。

我拍她脑门，青春期谁还没个喜欢的人啊，难道等五十年后牙齿掉光了，再四十五度角望天祈祷时光倒流，想想都惊悚，还有，你的孙子都会鄙视你的。

孙子？豌豆蒙爆发了，好，我不蒸馒头争口气。

在我们苦苦等了三十五分钟后，潘树森终于出现了，他不紧不慢地走进夜色中，我们越跟越好奇，他竟然走到了操场，鬼鬼祟祟地四处张望，当我屏住呼吸鄙视着和夜色融为一体的麦色皮肤时，豌豆蒙一声惊呼，他跳了。

我冲出去，哪跳了？跳哪儿？

豌豆蒙指指围墙，我拉起豌豆蒙往回走，豌豆蒙不解。

你指望我们的五短身材能翻出墙壁吗？豌豆蒙，想追出去吗？

豌豆蒙犹豫了一下点点头，我指指她的肚子，等会说肚子疼。

不怕神一样的对手，就怕猪一样的队友

坤哥（班主任），林蒙肚子疼，很难受，你看她额头都是汗。豌豆蒙像模像样地轻抚额头。

坤哥露出“你装你再装”的小眼神，品了一口茶，花样太多。

算了，敌人太强大，我回教室喝了口水准备再战，走到办公室里，发现豌豆蒙不在，我狠狠心说，坤哥，林蒙来例假了，您不知道那种疼的感觉，就像……就像刮子宫一样。

坤哥呛了一口水，徐暖清……

徐暖清……被豌豆蒙拉走的时候，我狠狠掐了她一把，看到她急速收缩的狰狞五官，我暗喜有戏！

路上我问，坤哥是同意我们提前放学了？豌豆蒙咬了一口冰激凌，对啊，我随便夸了坤哥的心有容乃大，他就乐，然后放我们走了呀。

我没记错你当着坤哥面吃雪糕了？

对啊，还给了坤哥一根。

我瘫倒，我真是猪八戒照镜子——里外不是人。

我和豌豆蒙七拐八拐地走到小吃街，那里可是学生的天堂，物美价廉，附近的学生都爱去那儿逛。

暖清，你说，潘树森会来这儿吗？

我指指前边的大排档，他在那儿。

豌豆蒙将信将疑，我们选了靠近大排档的冷饮店，我喝了一大口奶茶，为了探出潘树森的行踪，我每天顶着花痴的光环，跑到他班级方圆十里的地方，搜集各种情报，这才有了这次的突击，今天是他好哥们儿二胖的生日，他们翘课约好聚一聚。

眼看着豌豆蒙红了脸，我故作娇羞状，哎，好姐妹儿，不用这么感谢我的啦。

豌豆蒙扯扯嘴角，暖清，他走过来了。

我抬头，可不，潘树森被几个男生拥着走出了店门。

豌豆蒙拿起书包，正准备撒腿跑，我顺势把她推了出去，打着哈哈，今天天气真好啊。

你确定喜欢这样的痦子

我伸出手掌在豌豆蒙眼前晃了晃，回魂，回魂。

豌豆蒙一把抱住我，暖清，我不会是做梦吧，他说我长得像他未来的女朋友。

我啧啧舌，豌豆蒙，你真是太傻太天真了，这里面肯定有猫腻儿。

尽管我认为事有蹊跷，可是半个月以来连火星都没烧一个。

有没有发现，当你开始注意一个人的时候，本来没有概率相遇的食堂、小径……都可以一一邂逅。

我和豌豆蒙坐在操场边石阶上，你确定喜欢……这样的痦子，当潘树森第五次把篮球砸到经过的同学身上时，我转身看豌豆蒙，她眉眼弯弯。

我试着用豌豆蒙充满缤纷气泡的眼，去欣赏潘树森，躲人，接球，三步扣篮一气呵成，亚麻色的头发，还有打着旋儿飞出的汗珠，不濡湿，清爽的感觉。

豌豆蒙拿着矿泉水走向操场，在众男生起哄声中红了脸，潘树森接过水，笑了笑。

上语文课时，我问：你们的速度是不是太快了？

豌豆蒙埋头写纸条，不要永远生活在小说里。

豌豆蒙，我被戳中痛处了，我是个缺爱的孩子……我作势捂住受伤的小心脏。

这时，语文老师捏起一支断粉笔，抛物线准确落到我前面男生的头上，眼神扫着我们，轻声细语地对男生说，哦，对不起，扔偏了。

豌豆蒙做了个鬼脸，还是认真听讲吧。

倾城之恋的秘密

周三中午，是我们班的图书借阅时间，因为图书馆限人流量，每个班级都有固定的借阅日期，吃过午饭，我便早早地来到了图书馆，这里人很少，偶尔几个高年级学长借点儿资料书看看，我选好位置拿起一本小说细细看了起来，豌豆蒙说得对，我整天就喜欢看小说，就像海绵似的贪恋。

我跑到最后一栏书架的最右面，拿起张爱玲的《倾城之恋》，页角有些皱了，看来被借阅过很多次了，我小心地放回去，安心地坐着读其他书籍。

《倾城之恋》是有秘密的。

豌豆蒙趴在桌子上睡觉，睫毛轻轻地颤动了一下，像蝴蝶一样轻盈，豌豆蒙叫林蒙，开始我叫她豌豆蒙的时候，她还很抗拒，什么豌豆，我很圆吗，我身材很豆芽菜？

我对她说，高一第一次见你的时候，你很安静，安静得会让人忘了你的存在，你是个骄傲的孩子，不惊艳，却像一颗豌豆，先是干瘪，但是一点一点渗透，圆润饱满，最终会冲破阻碍，发芽长大，直至满熟。

时光正好，让你们天作之合

六月拉长了白昼，校园的香樟树，夏了夏天。

高二以下年级被安排到高三打扫教室，为高考教室布置考场，豌豆蒙细心地用小刀刮下墙壁上贴过的成绩单、公告。休息的时候，一个学姐回到教室拿东西，豌豆蒙站在我身旁说，六月不是黑色的，像岁月斑驳过的琥珀，记忆的颜色。

潘树森提着水桶从教室走出来，你们也快搬过来了。

高二大军浩浩荡荡搬进高三教学楼，欣喜地摩挲着刚拼杀过的考场，豌豆蒙搬来一张桌子，桌面刺着一串小字，许是上届学姐的随笔，不过谁也没在意。

豌豆蒙过生日，我们去了小吃街那家大排档，我们象征性地喝了一口啤酒，正吃得高兴，潘树森来了，说着对不起，自罚了三杯白开水，实在是太渴了。

也是，三十多度的高温，抱着一个巨型趴趴熊，能不出汗吗？

我吃饱喝足后，打量着豌豆蒙和潘树森，真是天作之合，说，潘树森你就这么把我家豌豆蒙追到手了。

潘树森没怎么说话，我就当他害羞了，毕竟这段时间，他已经朝着绅士男方向迈进了。

豌豆蒙把她的愿望给了我，其实我不信这套的，她说愿暖清快乐、简单，遇到对的人。

豌豆蒙抱着趴趴熊，连路都看不见走，我顺手接过扛起了趴趴熊，豌豆蒙笑我太汉子架势，潘树森忍住笑，夺过趴趴熊大步往前走。

我的直觉果然是正确的，没有什么一见钟情

我从来没有这么愤怒过，我记得潘树森骤然扩大的瞳孔。

那天周末，我打电话给豌豆蒙，她说正准备出门，潘树森好像有话要对她说。

挂完电话，我踩上自行车掉了个头，终于体会到“重色轻友”这个词了。

路过广场的时候，我停下来买了个甜筒，看着大妈们跳着“留下来……”准备离开的时候，我看见一个熟悉的身影夹在几个人之间，我跟在后面，看清了他们，一个男生对潘树森说，之前生日打赌要你去追那个女生，追到后，甩了没？不要太好玩哦。

我直起身，他随意游走的视线正好对上了我的眼睛，我想，那时我的眼神是冰冷、凉薄的吧，他似乎被吓到了，站着一动不动。

我的直觉果然是正确的，没有什么一见钟情，蜃楼再美丽都只是虚幻，现在我只求没伤害到豌豆蒙，我知道的，她一直都不是坚强的，受了伤谁也不能靠近。

我打电话给豌豆蒙，她正在看电视，嘻嘻哈哈的声音，很高兴。

第二天上学，豌豆蒙喝着牛奶背单词，我犹豫着怎么跟她说，她眼瞅着我，暖清，你有事!

我故作镇定，有事，当然有事，那个物理题怎么做啊，讲讲。

豌豆蒙声音轻轻，我不想讲题，我想讲个故事，你要听吗?

图书馆的纸条游戏

那年，我升入高一，离开了小县城，离开了奶奶。

我的成绩是考不上A中的，我在当地学校成绩算好的，但考A中还有一些差距，爸妈花了很多钱才让我挤进这所学校，小时候很苦，爸妈出去打工，奶奶一个人还要种菜，但那时的生活很快乐。

爸妈和奶奶商量过，觉得我应该去更好的学校学习，以后才能有出息，我没有选择地来到了A中，开始很不适应，不光是成绩，生活上和爸妈常年的疏离，关系也变得紧张。

妈妈总是问我考试排第几名，爸爸不爱吭声，但是更可怕，那时真的好压抑，我发现了一个地方，那里有好多鼓励人的文字，讲如何和人交流，讲博学古今，那里人很少，我喜欢张爱玲，我想把我的烦恼写进小纸条放到书里，有人会看到吗?

你知道吗?一个星期后，我看小纸条里，有了回信，也是一个小纸条：书上说过，二十一天可以养成一个习惯，试着去沟通，哪怕一句问候，大人们想得比我们明白，偶尔会忘了体会我们的感受，但是你要相信，他们爱你。

我取走纸条，写下：我很想我的奶奶，不知道过得好不好，我试着变开朗，但好像不是自己了。

一个星期后的小纸条：想就回去看看，也许路远，那就多几个电话，开朗很好，但为什么一定要变开朗？每个人的性格都是宝藏，文静内向的人也有很多人喜欢，但是不要吝啬说话，保持自己很重要哦。

我们就这样，一个小纸条一个小纸条地聊天，很神秘的感觉，我也适应了高中的生活，直到和你成了闺密，学习时间紧张，我也就淡了和他的小纸条。

最后一次，他留了一个名字，潘树森。

我惊讶地听完豌豆蒙的故事。

暖清，世界是不是很奇妙，当你遇到坎坷时，会有那么多看不见的手，默默推着你向前走。

豌豆蒙，你确定本校没有重名的？

豌豆蒙又喝了一口牛奶，不确定，但是留纸条的肯定是他，有一次我借书，无意中看见了图书馆学生管理员的名单，有他的名字。

真相总会掩埋另一个假象

潘树森找到我时，我正拿着坤哥缴获的宿舍管制刀具，准备去上交管理处，潘树森明显是怕死的，脸上挂着“你不要乱来，我会喊救命”的招牌，我提着口袋，叮叮当当地乱摇一通，给我好好说，把她弄哭了，我不保证会发生什么？

其实，那天广场上，潘树森等着我骂他，我只问了他一句，你认为女生的感情是很好玩的吗？玩不起就不要玩。

他俯首听训，衬得我简直比白雪公主的后妈还后妈。

我继续说，豌豆蒙从不争什么，她对每个人都很好，我们还不熟的时候，有一次我病了，老师还没来，她就一把扛起我（虽然像拖麻袋），把我带到医务室，一个人在外面静静地等着，就是那样的她住进了我的心底。

潘树森微微扬起头，其实，那天我们打赌的对象是你，我们班所有人都知道，你调查过我很多次。

我本来底气十足，顿时偃旗息鼓，我真是跳进黄河也洗不清。

我的别有用心

找到豌豆蒙的时候，她正吃着辣鸭脖。

暖清，那天你打电话给我，我并没有看电视，我只是把声音调到最大。

豌豆蒙泪珠轻轻滚落却浑然不知，他对我说对不起，那是一个赌，其实不怪他的，从一开始，谁也没许诺过什么，我们的关系就是朋友，我也不知道对他是什么感觉，只觉得那是带我走过黑暗的人，理所应当地喜欢了他。

我嚼着鸭脖含糊不清，豌豆蒙，如果我说，写纸条的人是我呢？

记得那是升入高中的第一次家长会，班主任坤哥站在讲台上像奥巴马就职演讲似的，说我们班的成绩很有潜力，一定会载入学校的史册，家长们听得心神荡漾，我们则吓得心惊肉跳，因为月考班上的平均成绩还没过及格线，当时坤哥气得胡子都冒出来了。

我怕坤哥东窗事发，殃及无辜，早早溜出了教室，我看到了那时的林蒙，齐整的短发，规规矩矩地坐在喷泉边，自从那次她背我去医务室，我一直留意她，眉宇浅皱。

我恶作剧地拍了她的肩膀，意料之外，她并没有吓一跳，反而我被吓了一跳，素来平静的脸上淌着未干的泪痕，我听见她微哑的声线，没人喜欢爱哭的孩子，可徐暖清总是笑啊笑，月牙儿都弯了。

我不知所云，明明刚才坤哥在会上只表扬了林蒙，她居然考到了班上第四名，入学成绩她算是比较靠后的，我闭上眼睛想着怎么开导她，睁眼却发现她不见了。

我回头看着，明媚阳光下的她走进教学楼投射的巨大阴影里，家长们慢慢地涌出来，无数个林蒙低着头，听着大人的训告，嘟囔着嘴往前迈去。

林蒙当了语文课代表，我喜欢文字，而她热爱文字，她常在书签上写吟随笔，字体娟秀，一天我一本正经地拿了一份手稿和一本杂志给林蒙，她按我的要求读了一篇短文——《四方街有猫》，她瞪大眼睛看着那篇手稿，我笑着说，那是我的故事呀，我遇到一个好编辑，我的语言稍显稚嫩，她亲自帮我修改，才有了这份铅字体。

人们说喜欢文字的孩子都是悲伤的，我不反驳这种说法，我只想说，那一定是个细腻的孩子，善于捕捉细小事物。

林蒙爱去图书馆，我偷偷跟着去，才发现那里真的是个新世界，我总是错开林蒙去图书馆的点，因为我发现了一个秘密，她会往书里夹纸条写小心思，我仅以路人的角度翻开那本《倾城之恋》，以随意的心态和她交流。

林蒙给我几篇手稿，我细细读过寄给了编辑，她是个有灵气的文字写手，想象天马行空。

我们的秘密被人偷走了

高一下学期，还有几天就期末考试，我随意翻了几页书躺在床上，妈妈慌张地推开门，暖清，快来接电话。

我腾地翻身起床，听到一个中年男人的声音，徐暖清同学吗，你知道我家林蒙在哪儿吗？旁边女人轻轻的哭声让人很心疼。

那天晚上林蒙没有回家，妈妈在桌子上发现一张纸，“如果我从没出现，你会不会觉得快乐一些。”林蒙妈妈害怕林蒙出什么事儿，却发现自己从来不知道女儿的心思，喜欢什么，会去哪儿。

最后，我们去了学校，当管理大叔打开图书馆的门时，大家都没吭声，夜静得如此美丽，我看见柔软的月光披在林蒙的身上，呼吸浅浅，不安的声响摇醒了她，她咧开嘴，我就知道你们会找到我的。

林蒙妈妈哭着抱住了林蒙，傻孩子。

林蒙软软的声音，妈妈，我只是被锁在图书馆里了而已。

没人知道为什么我一下子就知道林蒙在那里，林蒙也不知道。

豌豆蒙，只是因为写纸条的人是我，给你出那个主意的人也是我，我让你写那句话，让你藏在图书馆躲过大叔的封楼。

其实，那只是一句歌词，S.H.E的《天灰》，“如果你不再出现，我会不会觉得快乐一些”，只是把主语换了一下，好让有心的人发现一点儿蛛丝马迹。

可是我意外发现你的通讯簿里只留了我的家庭号码。

豌豆蒙你知道吗？那本《倾城之恋》好像被人偷了，找不到了。

连句号都没划完呢，我本想告诉你这个秘密，后来觉得最纯净的秘密，应该是不能说的吧。

豌豆蒙微笑着望向天边的火烧云，暖清，我们的秘密好像被人剽窃了呢。

我想那叫记忆性喜欢吧

第一次见徐暖清，不是她在我的教室外面打探我的情报。

初三时，我转到了徐暖清的学校，因为户口问题，我必须回当地学校参加中考，作为外出务工人员的子女，我随着爸妈辗转了无数个城市，转学已经成了家常便饭，民办学校管理不是那么严格，按我妈的话，你就一匹脱缰的野马。

我那时多风流倜傥啊，顶着一颗刺猬头招摇过市，吹吹口哨，女生们都哇哇直叫，直到徐暖清的出现。

她像只警犬似的嗅到了我的行踪，大叔，他在哪儿！

保安大叔像闻到鲜肉一样，逮住我就往校门口走，大叔，我真不是闲杂人员，我是这里的学生。

最后我被甩在洗发店的木凳子上，拿着家伙的可不是什么造型师，就是一个只会推平头的资深老大爷。

老大爷看出我的不乐意，善心大发，瞧这倔的，想当年我叛逆的时候直接剃了光头，你敢吗？别怕，我紧跟时代潮流，啥发型都敢驾驭的。

十分钟后，我还是顶着一个板寸头出了门。

我本着报复的心情打算捉弄一下徐暖清，亲自写了一封情书给她，没想到她竟然吐完口水、狂踩数脚后，扬长而去。

我一拍寸头，女生果然是外貌协会的，回教室一摸抽屉，发现二胖的表白信没了，他本来准备给有点儿女汉子的班长的。

原来是我误拿了，二胖语文差得天地难容，哪会什么风花雪月的诗句，打小就鄙视他的用语粗俗，我似乎能理解为什么徐暖清会气得跳脚了。

徐暖清在中考动员大会上，作为初三代表发言，刚转校时，我暗笑她是个书呆子，不过那天我好像看到了不一样的光，每个人都像她，默默隐忍，牺牲美好的时光做着枯燥的算术，只因为他们的梦想很大，需要足够稳定的基石。

高一，班主任为了磨我的顽劣，让我当图书馆学生管理员，一周两天中午时间，告别了挥汗如雨的篮球场，我得老实坐在图书馆，借书的人很少，我没事看看军事小说，时间过得挺快。

渐渐的，我发现一个女生总是固定时间来，固定座位，固定书架。

还有一个女生，虽然头发长长了不少，但我还是一眼认出了她，徐暖清。

通常都是那个叫林蒙的女生走后，她才进图书馆，我发现她总是鬼鬼祟祟的，我可不爱看言情小说，那本《倾城之恋》我却看了无数遍，只是因为里面的纸条，好奇害死猫，我知道这样做不对，可是她们并没有规定这只是两个人的游戏。

最后，我终于鼓起勇气要加入，写好了我的名字，天知道，我以为这是这个游戏的第一步——自报家门。

后来，那本书不见了。

那时，和她们的邂逅刚刚开始。

二胖生日那天，我没想到林蒙她们会跟来的，其实从心底里，我已经把她们当朋友了，古灵精怪但却心思细腻的徐暖清，文静似山茶花的林蒙。

二胖也认出了徐暖清，当年二胖可是凭借我的情书成功告白的，而我深受打击，初三一年默默学习，像消失了一样，爱八卦的二胖打赌我不敢再追徐暖清。

我刚说出二胖指定的烂告白，却发现林蒙站在面前，我还没开口，两个人飞也似的跑开了，我想徐暖清没认出我吧，毕竟光头和帅哥是有差距的。

那天我终于向林蒙坦白了一切，她些许诧异，随后风轻云淡地说，你喜欢的是徐暖清吧。

潘树森，你已经少了当初的痞子气，你从来不敢看暖清的，可我敢看你的眼睛，清澈的，是朋友的感觉。

暖清说过，这个年纪要敢爱敢恨，因为这是青春的特权，没有对错之分。

我怕是以一种感谢的心情面对你的吧，以为是你在引导我，现在我才知道那盏灯一直在我身边。

再见，板寸头男生

潘树森新剪了头发，接近于光头的板寸。

豌豆蒙说这是对他的惩罚。

潘树森被教导主任领去训话了，理由是：有伤校园风化，像混社会的style。

我看着远去的那摊亮光，隐隐的，经久逝去的时光回溯了。

豌豆蒙一声轻呼打断了我的回忆，她指着桌子上的字迹，是去年的那张桌子，上面写着：亲爱的，那不是爱情。

对啊，那不是爱情，也不是青春最美的徒劳无功，它是十七岁的祭奠，它只是一阵风，吹开了这个夏天最后的故事，让我们再遇见。

再见，板寸头男生。

再见，那本无意间掉在书架夹层里的《倾城之恋》，以及书里夹着的那张小纸条，你好，板寸头男生，第一次看见有管理员倒在桌上呼呼大睡，是你吧，潘树森，大痞子，想当年你那么招摇过市，第一记口哨就是对我吹的，我怎么鄙视着鄙视着，就喜欢了呢。

老师说，不能早恋，我确定是被你的发型吸引了吧，我叫来保安大叔，剪残了你的刺猬头。

你递给我情书时的表情，就像见了鬼，我手抖着打开信封，冲它吐了一口口水，大力扔在地上踩了三圈，走了。

潘树森，你真是个奇葩，你情书上说，我这人很粗俗，不爱文绉绉，如果你也喜欢我，就像丐帮帮主继位时吐他口水一样，对这封信吐口水吧，嘿，踩它几下，然后忘掉这事儿吧，以我目前的成绩，得发奋一年才能考上A中，那时再遇见吧。

年少时的杳无音信，是蒹葭青春的最好定义

豌豆蒙说她喜欢上潘树森了，我吓了一跳，和闺密爱上同一个男生，这怎么分享呢。

那天潘树森对豌豆蒙说，你像我未来的女朋友，我偷偷看他的眼神，没有焦距，他一定没认出初中时还戴着牙套的我。

我曾经跟豌豆蒙说过，我喜欢过一个男生，还是我曾经最讨厌的类型——活宝，他按照约定考上了A中，可是他一直没来找我。

豌豆蒙做沉思状，那男生够闷骚，不过，也许他在等机会吧。

机会总是充满戏剧性，我看到了《倾城之恋》小纸条写的“潘树森”，而豌豆蒙拿走了那张纸条，没人知道我写的纸条会随着那本书，着了灰尘。

豌豆蒙，你说过那叫记忆性喜欢，我想，年少时的杳无音信，是兼葭青春的最好定义吧。

白色油桐纷飞过街

木子李

1

推开病房门前，我在楼下徘徊了一刻钟。

腊月的天，冷风无边。常听老人讲，得了重病或是垂老的人，到了腊月便是最难挨的时候，如果挨得过去，此后便可多活过一段时光。

我用一只手压着另一只手的虎口，长长地吸了一口气，再把它吐在冷风里，转身、推门。那天去看她的人很多，挤得房间满当当的。但我从进房门的第一秒开始，她的目光就一直黏在我身上。我看了她一眼，然后挤出门去，在洗手间里，又花了极大的力气，把无边的痛压了下去。

后来，我想了一下，在她的整个乳腺癌治疗的大半年中，我从未在她面前流过一滴眼泪。萧桐在许久未更新的微博上写道：萧梧，我们再也不会遇见那样可爱的妈妈了。

那句话令我心里直发痛，萧桐无法想象的痛。我和她的关系很好，只是，我从不叫她妈，因为我有妈，小时候，我骑着自行车十五分钟就可以看见我的亲生妈妈。

近的是人，远的是感情。

那十多分钟的路程，从我懂事起，我便不肯，再也不肯狂奔而去。

2

我和亲生父母分开得很早。

她把我带走的时候，我才只有六岁。他们对我说，丫丫，去你小姨家过两天好不好？小姨会给你买很多好吃的、好玩的。

在一个六岁孩子眼里，吃和玩便是她的全部。我看着我那两个四岁的双胞胎妹妹，顿觉自豪万分，开心地满口答应着，好啊好啊。

她笑盈盈地把我抱起，我闻到了她脸上的脂粉香。

这一走，就是很久。

他们应该商议好的，无论我怎样吵着见父母都要铁下心来不让见。在我十岁那年，我终于见到了他们，可我心里再无波澜，我知道，很久很久之前，他们就把我送人了……

萧桐说，你比我好多了，至少她还是你亲姨，我和她是真真正正的陌生。

萧桐是在我十三岁那年，来到这个家里的，他大我一岁，十四岁的他站在我面前，满眼疏离。等他知道我也是被领养的时候，他眼里的疏离变成了挑衅，他说，原来，你也是个没人要的小孩儿。

我和他打架了，她很着急。

我本来是在打萧桐，拳头却不长眼地打在了她的肚子上，她疼得弯腰吸口气，萧桐站在那里得意地笑。她抬起无了血色的脸，我没有扶她，我恨她。

恨她不能生，恨她把我带走，更恨她又领养了萧桐。

我的人生，如果没有她，也许不是这般痛苦狰狞的模样。

小时候，我和萧桐就这样少不更事地一路偏执过来，所幸，每个人都有一个过渡期，再深远的恨，时间也会化干戈为玉帛。纵然彼此心中都还存在些许隔阂，但我和萧桐都已懂得：养母大于生母。我们不该让这个为了柴米油盐挣些微薄工资的女人操碎了心。

女人总想找个很man的男人，结果发现最man的是自己。

我十六岁，萧桐十七岁时，我们的老爹率先跑路，腿脚利索，内心狂野一路跑啊跑，跑去了珠三角倒腾去了。从我进这个家起，老爹还是小爹时，在很小的屋子里就像个野心家一样雄心勃勃地规划他的版图，他讲小时候家里很穷，梦想就是吃得起鸡蛋糕。

结果她成了最早的一批留守女士，装装灯泡，扛扛煤气，活成了半个爷们儿。

我始终记得，他每个月底要坐很久的火车回来，车常常晚点，很晚了，我起来上厕所，看见她坐在黑夜中的客厅里，月光倾城，她的嘴角带着笑。

虽然现在讲起来有点儿惊悚，只是那时，我作为一个怀春少女的半成品，成熟地想她应该是极爱他的，她看我的眼神，就从来没有这么温柔过。

3

高考那年，她比我紧张得多。

我和萧桐经常在埋头苦读的深夜里，闻到厨房里飘来的绿豆粥的香气。我们人手一碗，咕咚咕咚喝着，她则坐在我们的身后摇着蒲扇，清凉的风从后背钻来。我回头看她，她疲困的脸上有笑，有散乱的发丝，还有亮晶晶的汗。

通知书下来之前，她像个暴躁的知了呱啦啦不停，电话一通暴打，关系一阵乱找，一会儿是落榜了，一会儿又是通过了，整整四十八小时，我、萧桐、她都在坐云霄飞车。挨到柳暗花明又一村，她拖出来两个箱子，用农奴翻身做地主的嘴脸讲，走，去广州找你们的爹庆祝去！

我和萧桐读大学后，她就追随老爹而去了，赖在珠三角不怎么回来，回来也是一个月一次。

那年暑假结束，我和萧桐回家，两个人，一个十九岁，一个二十岁，在空荡的屋子里咧着嘴大笑，我们第一次很自由，很自由地谈恋爱，再也不用背着她，偷偷的。

最过分的一次，萧桐喝了点儿酒，他把我按在沙发里狂亲。

氛围在那个时候，就已经不对劲了。

萧桐抬起脸，门口站着风尘仆仆而归的她，手里那把钥匙因着眼前荒唐的一幕咣当落地，声音清脆得就像空气里有张无形的大手，扇了我和萧桐一耳光。

她没说话，很沉默。

带回来的礼物和东西，再也没像以往被热情地打开，她倚在窗台，想事想到出神。夜深的时候，我把手搭在了她的肩上，她没有回头，我听见她的叹息幽幽传来，萧梧，你们不该这样。

我也感到很抱歉，抱歉到不知怎么去解释前因后果。

如果说，我们早在很久之前就喜欢彼此了，她会更加难过吧。在这样价值观、世界观离奇的年代，即便我们没有血缘关系，走到一起，也是要被戳脊梁骨的。

我们好像又回到了小时候那种不堪的关系，每个人都有心事，好不容易被时间培养的亲情，好不容易被时间接纳的亲人，一霎都变了样。她讲，那天回来是要接我和萧桐走的，老爹在珠海赚了些钱，买了一套房子，房子外还有一个小花园，可以种花的。

她喜欢花，走的时候，又在那条油桐纷飞的街，剪了几枝。

此后，我和萧桐保持了距离，学会用静默和微笑传达着我多么爱她的念想。我们一直就是这样走过来的，很小很小的时候，失去亲生父母，在最好最好的年华，失去最爱的人，而我和萧桐现在最不想失去的，是她。

所以，没关系，都没关系。

4

往后面，世界变得有序，老爹越来越有钱时，她有了不安全感。

而她把更多的精力放在了我和萧桐身上，吃得少，她难过极了，说你面如菜色；吃得多，她又难过，认为这样下去，成个女胖子，没有人要。

她这样说着，我和萧桐的视线，总是在空气里静默地交会，他的喉结滑动了一下，压下了想说却不能说的话，我的眼里是清浅的泪，把它倒流回心里，苦着苦着，就强大了。她看得到，全都看得到。

不打扮，头发跟鸡窝一样就出门了，她说你邋遢；爱打扮了，穿超短裙，半个胸脯往外蹦，她说你像话吗?

她像个知了一样聒噪，后来，我才知道那是每个妈妈的模样。

有一天，我跟她讲，我要去看看我的亲妈妈。

她的眼里有惊喜有诧异，她想陪同我去，我说我一个人就好。我坐着飞机从南飞到北，那里有萧桐在等我，我撒谎了，我不是看我的亲生母亲，我只想来到这个我与萧桐最初相遇的城市，十指紧扣，走过一条又一条长长的街，完成一次又一次没有勇气的深拥。

她偷偷地跟在我们的身后，这次没有打扰。

夜很静谧，我和萧桐并肩而坐，各怀心事地仰望着星空。星星掉进了萧桐的眼睛里，那么亮，他说，萧梧，也许世界没有我们想象得那么坏。

他刚说完，她的电话来了。

挂了电话，萧桐问我是谁，我说不出话，眼里只剩泪花。

不知道她做了怎样的思想挣扎，才成全了一儿一女成为恋人的事实。回到珠海，我丢下行囊，第一时间从她的后背抱住了她的肩膀。她怔住，随后宽厚的手拍了拍我的手背，这是我们第一次拥抱，很短暂，但足以消弭我和她之间的那些疏离。

我们三个人规划着如何将这一晴天霹雳的消息告诉老爹时，计划永远赶不上变化，老爹站在房门外偷听到了谈话，门轰隆被踢开，一只鞋子就飞进来。

她挡在了萧桐的前面，萧桐挡在了我的前面，最后，老爹气得老泪纵横。

老爹食指颤抖地指着我们扬言全家人要造反，最后却颓败地坐在沙发里。她炒了两碟小菜，拿了瓶好酒，与老爹谈到天亮。

那一夜，我和萧桐也没有睡，困到眼皮打架之时，有厚重的东西落在身上，在半醒半睡之际，我听到了她的声音，仔，你们一定要幸福啊。

我翻了下身子，心忽然就酸得不成样子。

5

在我出嫁的前一夜，我弱弱地充满情绪地去了他们的房间。她坐在书桌前，一只手托着脑袋，一只手抓着我的手，目光里是无尽的话。

最后，她就讲了一句，仔呀，往后的日子要记得退，退一步海阔天空呐。

老爹在三米之外的床上，黑夜中翻了一个贼亮的白眼，若一道星光。

老爹年轻时，据说是一个青年才俊，身形挺拔，浓眉小眼。而她长得不算很美，不过根正苗红，三代贫民，外公早些时候还给游击队擦过枪。他们走到了一起，但见人间白头到老，不见世上恩爱如初，她说，世上再深刻的感情都是如此。

在他们漫长的婚约里，她就是那个永远在隐忍的人，带着某种柔软的坚持，挨过最好最坏的年华。她是不会哭的，我极少见她哭，再不堪的时候，她只是咬下嘴唇，手轻微地抖动一下。

她这个样子，在与同事纠纷时我见过，与亲戚抗争时我见过，跟老爹决战时我见过，拿着我的成绩单时我见过。后来，萧桐去了别的城市发展，隔着万水千山，与她便见得少了，但每每煲电话讲到不好的事情时，我总是能感觉到她声音里细微的抖动，让我想伸出手去，在空气中摸一下她渐渐花白的头发。

她讲，哭是没有用的，只有让自己变得强大，这是抵抗世界的唯一的办法。

我问萧桐，我们是不是太残忍，她把我们养了这么大，我们就这么轻易地离开了她。

萧桐看着我，眼睛像深沉的海，他说，你要是想她，明天我们就飞回去看她。我摇摇头，拒绝。如果每次相见都意味着一次别离，我宁可不要那短暂的快乐。

六月早些时日，我在的城市下了一场初夏的雨。

我接到了老爹的电话，他讲，有一个不好的消息，你妈确认是乳腺癌了。我在楼下的花园，坐在一条湿润的木质凳子上，坐到地老天荒，想起很多和她有关的事情来。

接我回家的那一年，她用着软软的声音问我，丫丫，以后叫我妈妈好不好？我在号啕着你不是我妈的同时，还朝着她的大腿狠狠地咬了一口。

至今，她都没敢再让我叫她一声妈。

初中那年，在那个非主流杀马特泛滥的年纪，我背着她在一个昏暗的文身店里文了一个文身，在锁骨处，一只展翅欲飞的黑色的蝶。洗澡的时候，被她看见了，她将我摁在浴缸里对着那寸肌肤使劲地揉搓，我嚷着疼，她带着痛心的眼神汗如雨下。

她讲，女孩子要干干净净的，才好。

我别过脸，倔强地不肯看她。

再大些的时候，书读多了，便懂事了，也想通了。错不在她，也不在我的父母，一个给了我生命，一个给了我人生。我该感恩，而不是怨愤。

雨后的花园，清新澄明，她的样子在我的心里轻盈透亮，我要走向她，在她最黑暗的时光里。

6

我去看她，她竟然在用ipad玩游戏，玩到忽略我的存在。

在路上，我排练过很多种，见到她时要讲的话，要摆的造型。后来我才知道，哪一种都不是真实的我呀，真实的我是另外的一个她。

决绝隐忍，一言不发，在岁月里，原来我一直在学习她的造型，用力快活，用心寂寞。

认真地想一下，她还算个挺潮流的文艺老青年，她用QQ，写博客，开微博。

她喜欢吃寿司，她问我，为啥寿司不涨价呐，米却一直在涨价啊；她喜欢某大牌，又舍不得买，常常借着我的时尚杂志去裁缝那里克隆个山寨版，镜子前尖叫：划算吧，划算吧；她喜欢旅行，我们一起旅行的时候，她会在一些景点说出很惊人的话，比如苏州，月落无敌霜满天，多少楼台烟雨中。

我忍不住笑，笑她这么理直气壮地班门弄斧，她不满意地戳戳我，有本事你来两句啊？萧桐站在我和她的身后飞快地按下快门，镜头里的我依旧在笑，而她，像个孩子。

老爹说过，人生就是一个圆，从孩子出生，再活回孩子。

现在的她就这样，吃喝拉撒无一不用人，老爹想雇保姆，却被我给推辞了。我知道没有谁比自己的儿女更能给她力量和贴心的照顾。

很长的一段时间里，她生病的事情，我只告诉了极少的人。在一个人最脆弱的时候，同情与安慰皆廉价，更多的旁人给你至多是一句清脆的“加油啊”。那又怎样？人们通常只习惯围观罢了。

她坐在病床上，周围许多的人，讲着许多安慰的话，我的亲生父母也来了，岁月不饶人，他们也老了很多。生母握着我的手，眼里有泪花，她语重心长地说，丫丫，要好好照顾你小姨啊，把你养这么大，不容易。

我也一字一句郑重地回她，她不是我姨，是我妈，亲妈!

病床上的她目光掠过来，惊悚的同时，泪光浮动。

回去的路上，萧桐说我今天有些意气用事，多日来压抑的情绪被他一句意气用事给引燃，我苦大仇深地看着他，问他我怎么意气用事了?

他走上前，把我头摁在他的肩膀上，轻轻地拍着说，没有，是我不好。

我不说话，呼吸热了起来，蔓延到眼睛里，全是酸楚的泪。我怕啊，真的怕啊，怕躺在病床上的那个女人哪天就醒不来了，那样，我就真的没有妈妈了。

好在那个人是萧桐，他比任何人都理解我这无端的脾气，无端的眼泪。

不知道自己怎么在她面前就那么强大，每天窸窸窣窣来看她的人一直没间断过。我往往是搬个小板凳，坐在床的对面，我们的眼神会在空气里交会十多秒钟，深深浅浅的沉默，我知道，你在这里，你知道，我在这里。

如此，岁月静好。

7

她恢复得很快，从夏天到冬天的半年，我每个月在两个城市之间往返一次，去看她。

每一次她都比上次好一些，虽然看起来，她的容颜、她的身体变得残败不堪，但是我知道，她在用更强大的方式弥补坏掉的生命。

做化疗，起了很多水泡，我问她，痒吗?

她说，见到你就不痒了。

掉头发，一抓一大把，她问我，丑不丑，挫不挫?

我说，反正你本来就不是美女嘛。

我很庆幸，我和她一样拥有着面对厄运也不忘咧嘴笑的天性，她的苦不想让我看到，我的苦，也要深深地埋在心底，不显露丝毫。

我求医问药，找了很多手术后膳补的方子，二十多种食材一大堆。有一个晚上，我独自拿着一个小小的秤，坐在木头的地板上，一样样，一件一件地配着。我想着我们所有的时光里，她的眼睛她的脸，很小的泪珠，一颗颗掉在药材里。

那些药很苦，她喝了没几口，就捂着嘴巴冲进卫生间，掀开马桶盖吐到胆汁都要出来。

老爹心疼地拍着她的背，责备她，不能喝就不要喝嘛。

她虚弱的声音传来，仔熬的，要喝，一定要喝。

我用力地抓住萧桐的手，差点儿被一股淡淡的辛酸给击倒。如果这世上所有的病痛都能够转移，我多希望，我能替她做化疗，掉头发，喝苦药。

与病魔抗争的日子里，她有了新的活，织毛衣——给将来我们的孩子。

趁她睡着的时候，我偷偷地把那些东西收起来，不想让她太累，她知道后很生气，她讲，我只要一想到，我还没给我孙儿织完毛衣，我就不想闭眼先走啊。

窗户没关，起了风，我揉揉眼睛，揉出了一把热热的眼泪。

我把毛衣线球重新放到她的眼前。她一针一线，勾勒着小时候给我和萧桐打的花样，目光温柔。

以前听过一句很美的话，为了见阳光，我来到这世上。

现在，再美的话，都美不过她简单的信念，那是一件未完工的毛衣，烟灰色的，像泪。

8

开春的时候，她顶着定制的假发回到了家里。二百八十天，被切除了一个乳房，十四次化疗，王者归来，这又是怎样的一个女人呢？

此后，我搬了两次家。

一次是搬回她的身边，癌症这东西就像一枚原子弹，我担心她复发之日便是永别之时，在那个最坏的日子到来之前，我要陪在她的身边，每时每刻，每分每秒。

第二次是从珠海搬回我们的老家，带着老爹，在她走后的第一个年头。

她的癌症复发是在术后的第五年，比起那时的惶恐，我很平静地接受她的离开。我知道她总有一天会走，唯一庆幸的，我把所有的所有的爱在过去的五年里，都诚惶诚恐地给予了她。

她最爱晒太阳，我推着她在前庭的小院子里一坐就是半晌。我给她梳头发，轻轻地，还是扯掉了一把，我握在手里不敢动，凝视很久，才敢偷偷地放进口袋里不被她看到。

我坐在小马扎上给她剪指甲，她乖得像个孩子，只是望向我的眼神，总有泪在闪烁。

时光静美，岁月无声。

比起悲痛哽咽，我们选择无声告别。是走前的深夜，她发了一条短信给我，仔，如果下辈子老天爷给我做妈妈的机会，你一定要投胎到我的肚子里，我要生个跟你一样可爱的女儿。

那时我正蜷缩在床上，受着大姨妈的折磨，所以我有气无力地回，不要！我要在你肚子里投胎成男孩儿，下辈子再也不受大姨妈的苦!

不知道，她有没有笑？像现在的我，看着她的短信，眼含热泪地笑。

只听过这世上男女，情约三世，未见过人间爹娘，签约来生。

又是一年春风，我和萧桐走过那条白色油桐花纷飞的街，空气里香气馥郁，像极了那一年她抱起我，脸上的脂粉香。

我们在画面里越走越远。

远去的，还有被风带走的思念，我们都很想她。

十一个故事

狂奔的兔子

1

如果你默默无语地注视一个女孩儿三年，三年后那个女孩儿会走过来问你有没有空和她聊聊天。

白小白就是那个被我的目光滋润了三年的女孩儿。

三年前，我走进这个班，过道那面一个穿着手绘帆布鞋扎着马尾的姑娘，回过头看我一眼，嘴角微微翘起，我心里一振，好像什么东西在心底盛开了，后来我知道盛开的不是我的心，是她的脸，因为在开学的第一天开始，班级门口高年级的学长们作鸟兽状争先恐后挤在我们班的后门口喊她的名字，白小白。

我在数学老师转过身写出层叠的板书的空隙瞄向她；我在课间拿着篮球打闹的时候假装无意蹭向她；我在晚自习捧着韭菜盒子被班主任围剿的时候面红耳赤地想着她；我在高考报志愿的时候写纸条给她：你嘴角向下的时候很美，就像安和桥下清澈的水。

隔天，我就在“糗百”上看见安和桥的水，满是废旧垃圾和塑料瓶，我似乎知道了她迟迟没有给我答复的原因。

我承认，我是安和桥的水，我们全家都是安和桥的水。

蒋蕊小名大丫，传说是因为她姥姥叫不上来她名字里的蕊字，给取的别名。

小时候我姥姥也对我妈说过烂名好养活，但传说我在会爬的时候，就已经对二生子的名字置之不理了，我成功地捍卫了我作为李茂生的尊严，虽然长大以后无数小伙伴在跟我摔跤摔不过的时候就宣称自己叫李茂。

大丫是胡同里的大姐大，从小长得结实，当我吃的油条被抢的时候，她总像一面墙一样往我身前一横，我那时候觉得，要么我就“嫁”给大丫算了。

大丫说，我是世界上对她最好的人，别人都瞧不起她，可是我不会。

她说，我是她最好的朋友。

长大后，我的文弱书生的样子反倒成了抢手的形象，当众多女孩儿往我手里塞情书的时候，大丫也递给了我一枚粉色的信封，上面就一句话，“跟我处对象吧，干不干？”

我不知道怎样和她阐释爱情她能听懂，我相信诸如“爱是一种感觉”“我相信世上还有超越亲情友情之外的第三种感情存在”这类的话，她一定都会困惑，索性就给她回，“不干。”

暑假的时候，我妈打电话说大丫要了我学校地址宿舍电话，要来看我。我扯了电话线在宿舍睡了三天三夜，吃了一箱泡面，一个暑假没敢回家。

再回家的时候看见信箱里满满十几封信，下面的落款都是蒋蕊。

大丫啊大丫。

2

辛紫是我的同桌，闻名于校内的“巴黎三巨头”的老大。所谓的巴黎三巨头，意思是稳居年级榜前三，雷打不动。

辛紫嗜睡的程度非常人能够企及，敢在任何一个老师眼皮子底下长睡不醒。当她扑扇着睫毛意味深长地看着我时，我知道，她只是困了。

辛紫只要在醒着的时候，都会给我讲黑人奴隶解放史，她的偶像是马丁·路德金，她说，她相信能成大事的人，一定敢推翻常人不敢企及的东西，譬如谁规定上课不准睡着听。

班主任在开学的时候视辛紫是眼中钉，因为每一个科任老师都会在下课的时候对她说，一个女孩儿坐第一排，上课睡觉打呼噜。

可是第一次模拟考之后，班主任对辛紫的态度就由斜视变成了侧目，因为辛紫除了语文以外，科科几近满分，总分甩了我们班第二名将近五十分。

班主任在一次班会上温柔地把辛紫叫醒后说，“女人的聪明和美都是睡出来的。”

之后，我们班里上课睡觉再没人管。

可是第二次模拟考之后，班主任看着惨不忍睹的班级成绩又开始拿着教鞭挨个敲桌子。很多女生说辛紫上课其实没睡，净偷着学，我望着辛紫淌在文综卷子上的口水，打心眼儿里替她喊冤。

有些人醒了，她已经睡了；有些人睡着，她还醒着。

3

孟啸自封301宿舍第一男神，虽然每次他挥舞着晾衣架披着蚊帐的时候，都在极力表现出一种周润发演上海滩的气场，可是我们还是觉得他每一个细胞都散发着唱二人转的唐僧气质，就是那种戴着生日快乐的帽子下面拴着丝袜一类。

他在班级联欢上用《口技》那篇文言文套了我们整个宿舍人的睡相说出来，“遥闻深巷中王子鸣吠，便有李茂生惊觉欠伸，段暄呓语。既而王子鸣醒，大啼。段暄亦醒。李茂生拍王子鸣而鸣之。又夏安醒，絮絮不止。”

王子鸣在台下笑得最欢，他在班级最后排用矿泉水瓶敲着桌子叫好，辛紫把语文书递给我让我看看《口技》原文，我看见她用荧光笔画着：“遥闻深巷中犬吠，便有妇人惊觉欠伸，其夫呓语。既而儿醒，大啼。夫亦醒。妇抚儿乳，儿含乳啼，妇拍而呜之。”

看着台上孟啸神五神六的样子，我恨不得用个“神十”把他弄到月球上。

我猜想王子鸣这种语文打五十分的选手一定不会主动想起《口技》原文怎么写的，可是万一高考考场上出现这段文言文的时候，他的脸会不会一阵红一阵白。

辛紫似乎和我有了一样的想法，无比哀怨地回头看了一眼王子鸣。

没文化，真可怕。

4

段暄之所以出现在孟啸的段子里只有两句“段暄呓语”“段暄亦醒”这类无关痛痒的描述，是因为孟啸深知段暄惹不起。

段暄出了名的恶毒，“一张嘴退敌军万千”那都不是事儿。

段暄的脸长得和他的嘴一样恶毒，你能在他沟壑万千的脸上寻出中华上下五千年的沧桑与文明。

我不知道张飞长坂桥喝退曹操百万军的时候，有没有一部分原因是得益于他的“绝代芳华”，但我相信，段暄的长相绝对能在阵前够敌人喝一壶。

段暄在高三的最后关头终于忍不住低着头走到孟啸的面前，说，“拉哥们儿一把。”孟啸拍拍胸脯说，“包在我身上。”

我劝孟啸“一定不要想不开，为善不一定要牺牲”，他说“只要两小时。”

孟啸转身出去了，从我兜里拿走了“200”电话卡，段暄无限凄凉地看着他的背影说，“早去早回。”

晚上孟啸终于回来了，把外套往床上一摔，说，“来吧！”

我看了看段暄，捂着脸说，“你们就当我瞎吧！”

我从指缝里看见孟啸从兜里掏出一张纸，上面写着一个电话号，让段暄赶紧打过去。孟啸搓着手说他中学一个好朋友正好也有“不早恋就晚了”的前卫思想，他今天这线儿牵得适时省力造福子孙。

我们一屋子人好奇段暄怎么和女孩儿交流，忽悠他开免提。

电话响了，女孩儿轻声说，“喂……”

估计段暄这辈子没听过一个女孩儿这么轻声轻气跟他说过话，一时竟然结巴了，“喂——喂——啊——”

“你好，我叫李开阳，很高兴认识你。”

“我——我叫段暄——”

“嗯……我稍微有点儿胖，不知道你介不介意……”

“你多胖啊？虎背熊腰啊？”

我一口水差点儿没把自己呛死，望着段暄突然来了兴致的脸，无语凝噎。

女孩儿好像也没见过这阵势，说，“也不是很胖，我个子也很高。”

“你打篮球啊？”段暄突然来了一句。

“不啊，我……也没那么高。”

“不打篮球你长那么高有啥用啊，晃晃荡荡的，怪不得你早恋不了！”段暄好像进入了某种状态。

“我就一米六三！怎么就晃晃荡荡了！”女孩儿开始怒吼了。

“你一米六三装什么大个儿，你们家没见过高个儿吧，你——”段暄还没说完，女孩儿开始咆哮了，“你把孟啸给我叫出来，你有病吧！孟啸，我知道你在旁边，你跟我有仇啊……”

孟啸扑上来把电话按了，无助地看着我。

段暄一屁股坐在椅子上，好像才缓过神来，低头沉思了一会儿，抬头问我，“你说我俩能成吗？”

我一拍桌子，坚定地告诉他，“能成！”

转身爬上床铺，深藏功与名。

5

但是世上不按套路出牌的人还真是不少。

当我看见李开阳跟在段暄身后出现在食堂的时候，越发对俩人的匹配程度竖起大拇指。

据孟啸说，他怕李开阳失控来学校灭了他，隔天避开所有人给李开阳打电话道歉，李开阳却在电话那头呵呵一笑，说，“段暄这人还挺有意思的！”

孟啸策马奔腾回到宿舍告诉段暄，“有戏！”

段暄整理衣衫，借了五十块钱，打车到李开阳学校门口，请李开阳吃了一顿麻辣烫，段暄泪眼蒙眬地看着李开阳说，“你知道，我这人一遇见喜欢的女孩儿就——失控，说一些言不由——衷的话……”

李开阳瞬间被段暄一脸沧桑加一把辛酸泪感动到，于是两人就那样轻松愉快地决定在一起了。

孟啸在一旁一脸诡异地撺掇段暄，“什么时候请我和茂生也吃顿麻辣烫呗！”

李开阳爽快地掏出五十块钱，“咱们去吧，我请！”

直到看着被辣得舌头发直眼泪“溃不成军”的段暄时，我才知道为啥当初他要带李开阳吃麻辣烫，一是舌头直了不能暴露毒舌本质，二是那眼泪流得真的很真诚！

段暄，你真行啊！

6

莫文蔚在歌里独白，“意外是你生活的一部分，它来了，你躲也躲不掉。”

王子鸣怎么都不会想到，全市模拟联考语文试卷的文言文真的出了《口技》。

我看见这道题的时候一拍大腿，恨不能和王子鸣一个考场，好看他直播川剧“变脸”的精彩模样。

晚自习回班级的时候，辛紫朝我意味深长地一笑，“怎么感谢我？我还让你事先多看了一眼文言文。”

我没理她，心里把孟啸的亲戚都问候了一遍。

王子鸣拎着一罐红牛乐呵呵地从外面进来，我扯住他，“今天文言文答得怎么样？”

他一脸呆萌地说，“文言文是啥呀？”

辛紫扑哧笑出声来。

王子鸣嘿嘿一笑，“辛紫，咱们同学好几年我都没看见过你长啥样，今天终于看见活的了！我以为你永远在睡觉！”

辛紫把语文书砸到王子鸣身上，“妇抚儿乳，儿含乳啼，妇拍而鸣之。活该让人拍你！”

王子鸣莫名其妙地摸着头走到后排去，我猜他一定是在想，“你说这个跟我有什么关系……”

打败你的不是天真，是无邪！

7

辛紫从那天开始，再也不在课上睡觉了。我估计王子鸣提醒了她，她再不醒醒，班级里的多半人将永远跟她不熟。

后来我发现，在王子鸣走过我们身边的时候，辛紫总是把正对着门口的脸立马扭向别处，睫毛忽闪忽闪，眼神漫无目地左右游离。

也许王子鸣的那句话刺激到辛紫了，辛紫向来孤傲，她以为她一直是金字塔塔尖上受万人瞩目的，她以为她聪明美貌，所有人都是因为觉得不敢企及才不靠近。

虽然事实上，很多人对于辛紫都和王子鸣一样，只闻其名，未见其人。

吃散伙饭的时候，辛紫走到王子鸣身边，问他，“你想考哪个学校？”

王子鸣一脸天真，“南京体院啊！哈哈，上一届校花在南京，到了那儿我就可以名正言顺地让学姐对我照顾照顾，还能一起坐火车回家，深夜我递给她一杯优乐美，她问我我是你的什么啊，我说你是我的优乐美啊……”

王子鸣像话痨一样巴拉巴拉个没完，我看见辛紫坐回位子，一仰头一杯啤酒一饮而尽。

我用力拍了一下王子鸣的肩膀，他呆萌地冲我一笑，说出最后一句广告词，“因为我就可以把你捧在手心啊！”

填志愿的时候我问辛紫，“你会去港大还是留在北京？”

她把志愿表递给我，第一志愿赫然写着：南京大学。

8

高考完回家，大丫的妈妈看见我，老远就上来打听我考得怎么样，问我什么时候办升学宴，最后绕来绕去说到大丫身上，她说，“大丫这孩子啊，肯定去学校找过你吧？没耽误你学习吧？”我尴尬地摇摇头。

大丫的妈妈接着说，“我告诉她，不要再惦记你，她就是不听，还老是往你家信箱里塞信。”

“没事的阿姨，我和大丫是好朋友，我们……”我不知道该说些什么。

大丫的妈妈挥挥手，“你别怕别怕，阿姨知道你的意思，阿姨就想告诉你，大丫现在有男朋友了，也是她们技校的，小伙子是南方人，准备过了年去男方父母家看看就把这事儿定了……”

我突然很怀念起小时候大丫像一面墙挡在我身前的日子，我知道，对大丫绝非喜欢，要是有就是歉疚吧。

寄出那么多封信始终没有回音的滋味，一定不好受。其实，我应该对她说，“爱情是电光石火，初见的时候没有，就永远不会有。”我应该告诉她，将来她一定会遇见一个人像一面墙，为她遮住雪雨风霜。

毕竟，我是大丫在这世界上唯一的朋友。

我开始想象，要多么健硕的男孩儿能为大丫抵挡住雪雨风霜。

我想他俩的表白一定是世上最简单粗暴的对话，“跟我处对象你干不干？”“干。”

可是，谁说简单粗暴就不单纯美好了呢。

9

如果女孩儿都是一朵花，那倾慕她的男孩子的目光，一定是世上最甘醇的雨露。

我用这样持之以恒的目光浇灌了白小白三年，我想她一定从未想过自己能够如此温润的原因。

白小白在我大学开学的时候给我打了一通电话，她问我有没有空去杭州看看她。

我和她并肩坐在西湖边，她说要给我讲一个故事。

一个女孩儿喜欢的一个才华横溢的男孩子跟她读同一所高中；那个女孩儿三年里怎样偷偷注视过那个男孩儿；怎样在数学老师转过身写

出层叠的板书的空隙看见他瞄向她；怎样在课间他拿着篮球打闹的时候故意走向他；怎样在晚自习他捧着韭菜盒子被班主任围剿的时候想站起来帮助他；怎样在接到那个没有署名的纸条的时候偷偷盼着写给她纸条的就是他。

我忽然记起，原来我偷偷放进白小白书包里的纸条没有署名。

我记得再见到白小白时她的目光里藏着焦灼的渴望，只是当时，我为那句“安和桥的水”，羞愧得不能自已。

我把指尖朝着白小白的方向挪了挪，我知道，那一刻，只要我的手碰见她的指尖，天空就会划过闪电；只要我的手碰见她的指尖，心头的小鹿就会跳出来撒欢；只要我的手碰见她的指尖，西湖的水就会漫过断桥，没过我的鼻翼……

可是，我只是动动指尖，在原地划了一个小小的弧线。

10

我知道，不是每个人的故事都能续上光明的尾巴，偷藏在心里的美好，才不会被日晒雨淋，显得那般明目张胆。

只是，如果你在某个南方遇见一个姑娘剽悍得像一座墙，请帮我问问她，“我想跟你做朋友，你干不干？”